Inhaltsverzeichnis

Vorwort

Drucken mit Kindern – eine faszinierende Technik, kinderleicht & mit hohem Spaßfaktor!

Die Druckgrafik gehört meiner Meinung nach zu einem der faszinierendsten Gebiete der Kunst. Drucken ist schon lange keine schwarze Angelegenheit mehr und bietet viele einfache Techniken, die selbst die jüngsten Kinder ausprobieren können. Da die Ergebnisse immer gelingen und „schön" aussehen, haben die Kinder viel Spaß daran, auch mit der Technik zu experimentieren.

Zur Durchführung benötigen Sie fast nur Material, das sich als Abfallprodukt in jedem Haushalt findet oder preiswert kaufen lässt. Viele Techniken führen in kurzer Zeit und mit wenig Aufwand zu tollen Ergebnissen und sind auch mit einer hohen Schülerzahl im Klassenraum durchführbar.

Sie haben die Möglichkeit, mit allen Kindern gemeinsam eine Technik zu erproben oder im Rahmen des Wochenplanes einen Arbeitstisch zum Drucken einzurichten. So können die Kinder mit Hilfe einer kurzen Einweisung und des Arbeitsblattes selbstständig und eigenverantwortlich arbeiten.

Diese einfachen Drucktechniken eignen sich schon ab dem ersten Schuljahr und können auch fächerübergreifend zum Einsatz kommen, zum Beispiel zur Illustration von Geschichten, Gedichten und zum Verzieren kleiner Bücher.
Aber auch die „Großen" aus den dritten und vierten Schuljahren hatten viel Spaß an den Techniken, die schnell und leicht zu einem erfolgreichen Ergebnis führen.

Fast alle Drucktechniken sind auch geeignet, um Postkarten herzustellen, die zu Weihnachten, Ostern oder Muttertag erstellt und dann beschrieben werden können!

Bieten Sie Ihren Kindern die Möglichkeit, die Welt des Druckens zu entdecken und lassen Sie viel Raum für eigene Kreativität. Kinder entwickeln oft Ideen, auf die wir Erwachsene nicht kommen würden.
Lassen Sie sich also von Ihren Kindern und deren Ideenreichtum anstecken!

Probieren Sie es aus und erleben Sie gemeinsam mit Ihren Kindern den Spaß, die verschiedenen Drucktechniken auszuprobieren!

Astrid Friedrich

Passend zu diesem Heft erhalten Sie **kostenlos eine Datei mit den farbigen Schülerarbeiten.** Einfach den QR-Code scannen:

Drucken – Allgemeine Infos

Der Begriff „Drucken“ beinhaltet viele Techniken. Kinder kennen das Drucken in erster Linie als Ausdruck vom Drucker, von Büchern und Zeitungen / Zeitschriften.
Drucken hat meistens etwas mit Vervielfältigen zu tun.

In der Kunst wird der Begriff wie folgt definiert:
Beim Drucken wird auf einer Platte **(Druckstock)** ein Bild **(Motiv)** aufgebracht. Dabei können, wie beim Holz- oder Linolschnitt, alle Teile aus dem Druckstock weggeschnitten werden, die im späteren Druckbild weiß erscheinen sollen. Eine andere Möglichkeit ist es, hochstehende Teile auf den Druckstock zu kleben.
Eine *weitere* Möglichkeit ist, wie beim Styropor®druck, das Motiv in die Platte einzuritzen.

Der Druckstock wird mit Druckerfarbe gefärbt. Das Motiv wird vom Druckstock auf ein Papier, das auf den gefärbten Druckstock gelegt und angedrückt wird, übertragen. Dabei erscheint das Motiv spiegelverkehrt. Dieser Vorgang ist mehrfach wiederholbar.

Das einzelne durch den Druck entstandene Blatt nennt man **Abzug,** die Gesamtzahl der Abzüge heißt **Auflage.** Die Höhe der Auflage bestimmt der Künstler, der diese begrenzen kann (Limitierung). Bei einer limitierten Auflage werden die Blätter durchnummeriert. Das dritte Blatt in einer Auflage von 10 Stück wird mit 3 / 10 beschriftet.

Man gliedert die drucktechnischen Verfahren in die Gruppen **Hochdruck, Tiefdruck, Flachdruck** und **Durchdruck** (Siebdruck).
Zu den Drucktechniken gehören aber auch **Stempeln, Monotypien** (Einmaldruck – ein Abklatschverfahren), **Spritzdruck und Materialdruck.** Ich ordne auch die **Frottage** (Durchreibetechnik) bei den Drucktechniken mit ein.
Alle Drucktechniken gehören in den Bereich „Zeichnen und Drucken“, können aber auch den Bereich „Malen“ mit einbeziehen.

In diesem Buch nimmt der **Stempeldruck** einen großen Raum ein, da er problemlos und ohne großen Aufwand mit Grundschulkindern aller Klassenstufen (sogar mit Kindergartenkindern) durchführbar ist.

Natürlich gibt es noch viele andere Drucktechniken, die jedoch spezielles Material und entsprechende Ausstattungen benötigen.
Dazu gehören beim **Hochdruck** zum Beispiel der Holzschnitt und der Linolschnitt, beim **Tiefdruck** die Radierungen und Kupferstiche, beim **Durchdruck** der Siebdruck, beim **Flachdruck** die Lithographie, der **Prägedruck** und der moderne **Digitaldruck.**
Den Linolschnitt führe ich gerne im vierten Schuljahr durch. Er ist allerdings recht aufwändig und materialintensiv.

Der neue Lehrplan Kunst (Primarstufe)

Der Lehrplan Kunst vom 01.07.2021 teilt das Fach in folgende Bereiche ein:

- Bilder betrachten und verstehen
- Malen
- Zeichnen und Drucken
- Plastizieren und Montieren
- Agieren und Inszenieren
- Fotografieren und Filmen
- Textiles Gestalten

(aus: Lehrplan für die Primarstufe in Nordrhein-Westfalen – Fach Kunst vom 01.07.2021)

In diesem Band „Drucktechniken im Kunstunterricht" steht der Bereich **Zeichnen und Drucken** im Vordergrund, wobei der Bereich **Malen** teilweise mit kombiniert wird.

Kompetenzerwartungen

Im Lehrplan Kunst ist immer von Kompetenzerwartungen die Rede. Für mich als Lehrperson stellt sich aber auch die Frage, welches (Lern-)Ziel ich mit meinem Thema erreichen möchte. Daher gebe ich meine Lernziele in verständlicher Formulierung an und setzte die aus dem Lehrplan passenden **Kompetenzerwartungen** fett gedruckt dahinter.

Leistungsbewertung

Im Kapitel „Leistungen fördern und bewerten" halte ich folgende Punkte für besonders wichtig (s. S. 68 im Lehrplan):

- „Leistungsanforderung mit individueller Förderung" zu verbinden
- „Leistungen nicht nur zu fordern und zu überprüfen, sondern auch anzuerkennen"
- „nicht nur die Ergebnisse des Lernprozesses" zu bewerten, „sondern auch die Anstrengungen und Lernfortschritte"
- „Kriterien für die Leistungsbewertung den Schülerinnen und Schülern transparent" zu machen

Außerdem finde ich die **aktive Mitarbeit** – insbesondere bei der Erarbeitung des Themas – und die **Führung eines Kunstheftes** (Skizzenheft oder Kunsttagebuch) sehr wichtig. Diesen Bereich findet man unter dem Beurteilungsbereich „Sonstige Leistungen im Unterricht" (s. S. 69 im Lehrplan):

- „(gestaltungs-)praktische Beiträge (…) wie Entwürfe, Skizzen und Ergebnisse experimenteller Verfahren (…)"
- „mündliche Beiträge"
- „schriftliche Beiträge"

Da es im ersten und zweiten Schuljahr keine Noten gibt, gebe ich unter dem Punkt „Leistungsbewertung" Hinweise, worauf Sie als Lehrperson achten sollten, damit Sie später im Zeugnis eine entsprechende Formulierung finden.
Ich selbst mache mir immer zu jeder Gestaltungsaufgabe kurze Notizen.

Spritzdruck

Material

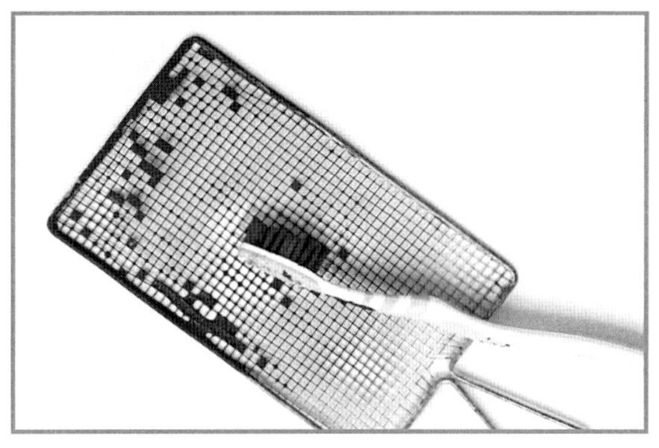

Beim Spritzdruck werden Farbspritzer mit Hilfe einer Zahnbürste und einem Sieb erzeugt. Das Motiv entsteht dadurch, dass manche Stellen durch Schablonen – zum Beispiel aus Papier – abgedeckt werden und dort die Fläche nicht eingefärbt wird.

Dabei kann man ein altes Küchensieb oder ein Fettspritzsieb benutzen. Es werden aber auch Spritzsiebe preisgünstig bei Labbé und im ALS-Verlag angeboten. „Alte" Zahnbürsten bringen die Kinder gerne von zu Hause mit. Diese am besten mit **kochendem Wasser spülen,** damit keine Keime, Viren oder Bakterien mehr in den Zahnbürsten sind!

Der ALS-Verlag bietet sogar einen Siebständer für 7 Spritzsiebe an, sodass diese geordnet im Kunstregal aufgestellt werden können.
Man kann die Farben vom Wasserfarbkasten benutzen.

Auch für das Bedrucken von Stoffen ist diese Technik gut geeignet. Dann sollten Stoffmalfarben benutzt werden, die durch bügeln fixiert werden können.

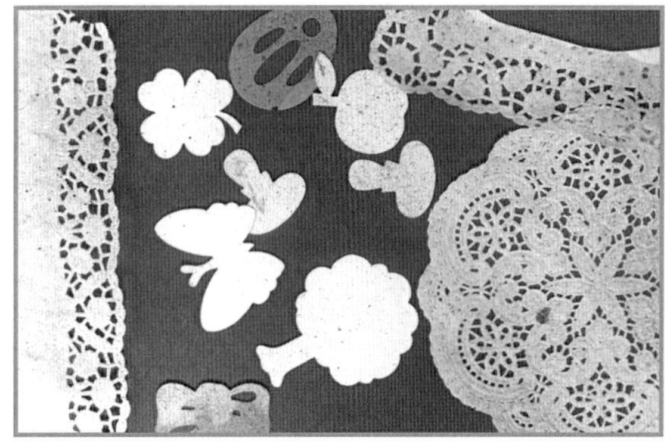

Zum Abdecken der nicht zu „bespritzenden" Stellen kann fast alles an Material verwendet werden. Wollen die Kinder eigene Motive entwickeln, ist zur Erstellung von Schablonen jegliches Schmier-, Mal- und Tonpapier, aber auch Pappreste aller Art geeignet.
Auch vorgefertigte Schablonen, Blätter, Bauklötze, Spitzendeckchen (auch aus Papier), kleinere Gegenstände (z. B. eine Schere) u. Ä. können verwendet werden.

Technik

Diese Technik gehört nicht zu den klassischen Drucktechniken. Das Motiv erscheint nicht seitenverkehrt in der Farbe des Papiers. Der Hintergrund erhält die Farbe durch die Farbspritzer.
Die ausgewählte Schablone wird auf das Papier gelegt und die Farbe mit Hilfe des Spritzsiebes und einer Zahnbürste aufgetragen. Dabei geht man mit den Borsten der Zahnbürste in die vorher mit dem Pinsel angerührte Farbe und „schrubbt" die Bürste über das Sieb. Je trockener die Farbe, desto feiner die Farbspritzer.

Auch mit Hilfe eines dickeren Borstenpinsels können die Farbspritzer mit dem Sieb erzeugt werden.

Tolle Effekte entstehen, wenn man mit mehreren Farben arbeitet und vor der Benutzung einer neuen Farbe die Schablone etwas verschiebt, eine andere Schablone hinzunimmt oder die Schablone wegnimmt.

Mein Namens-Poster (1)

Schwierigkeitsgrad: sehr einfach, gut als Einstieg in die Druckgrafik geeignet
Auflage: einmalig
Zeitaufwand: 1 – 2 Unterrichtsstunden

Material
Schmierpapier, Pappreste u. Ä. für die Schablonen, Schere, Zahnbürste (und / oder dickere Borstenpinsel), Spritzsieb, Wasserfarbkasten, Borstenpinsel zum Anrühren der Farbe, Wassergefäß, längs halbierte (eventuell zwei aneinandergeklebte) Malpapiere zum Bedrucken (als „Banner"), Zeitungen als Unterlage, Papierküchentücher für die Hände

Tipp: Da erfahrungsgemäß die Kinder viel Spaß am kreativen „Spritzen" haben, gehen auch einige Spritzer in die falschen Richtungen! Es bietet sich also an, alles von den Tischen wegzuräumen und diese gut abzudecken. Auch die Kleidung wird von Spritzern nicht verschont bleiben! Meine Kinder sollten für den Tag „ältere" Sachen anziehen.

Bereiche & Schwerpunkte
Malen & Zeichnen und Drucken

Lernziele & **Kompetenzerwartungen**

- Spritzdruck als (neue) Technik kennenlernen
- Hintergrund und Motiv als Begriffe kennenlernen
- **experimentieren mit Malwerkzeugen (hier: Pinsel, Finger, Sieb) Auftragstechniken (hier: Spritzen) sowie verschiedenfarbigem Material (hier: Wasserfarben) und benennen Besonderheiten**
- **entwickeln themenorientiert individuelle Schriftgestaltungen**

Einstieg
Als Einstieg bietet es sich an, die Technik vorzumachen und zu erklären.
Sie können auch ein fertiges Bild zeigen und die Kinder vermuten lassen, wie dieses Bild gemacht wurde.

Aufgabenstellung
Erstelle ein Poster mit deinem Namen.

Vorgehensweise
Schablonen erstellen

Tipp: Es gibt Buchstaben aus Holz, Plastik oder Papier in verschiedenen Größen und für kleines Geld zu kaufen. Für viele Kinder bieten diese eine große Hilfe und Motivation bei der Erstellung der Schablonen. Bei der Herstellung der Buchstabenschablonen ist es wichtig, dass diese nicht zu dünn und nicht zu klein geraten. Die vorgezeichneten Buchstaben werden dann ausgeschnitten.

Mein Namens-Poster (2)

Druckvorgang
Bevor das Original gedruckt wird, sollten die Kinder erste Erfahrungen auf einem Schmierpapier machen. Oft nehmen sie zu viel Wasser, sodass dicke Flecken entstehen (was auch seinen bildnerischen Reiz hat, die Kinder aber meist stört). Die Schablonen werden auf dem Malpapier angeordnet.
Die Farbe im Farbkasten wird mit ausreichend Wasser gut angerührt, sodass kleine Bläschen entstehen. Nun wird nochmal etwas Wasser eingerührt und dann mit dem Borstenpinsel oder der Zahnbürste die Farbe aufgenommen.
Das Spritzsieb wird im geringen Abstand (ca. 10 cm) über die Schablone gehalten und mit der Zahnbürste oder dem Borstenpinsel kräftig über das Sieb gebürstet.
Sind alle Buchstaben „umspritzt" worden, können die Schablonen leicht verschoben und der Vorgang mit einer anderen Farbe wiederholt werden.

Präsentation
Die Ergebnisse sollten auf farbiges Tonpapier aufgeklebt werden, welches ca. 4 cm länger und breiter ist als das Malpapier, damit ein Schild-Charakter entsteht. Als Farbe kann die Kontrastfarbe oder eine Farbe aus dem Druck dienen.

Kriterien zur Leistungsbewertung
Grundsätzlich würde ich diese Gestaltungsaufgabe nicht benoten, da die Kinder dann oft die Note mit dem Namen eines Kindes in Verbindung setzen. Bewerten können Sie aber die Sorgfältigkeit der technischen Ausführung und den Arbeitseifer.

Unterrichtsergebnisse

Variationen zum Spritzdruck

Bei so vielen Kindern kommen auch viele Buchstaben zusammen.
Nehmen Sie einen Bogen weißes Tonpapier DIN A2 und lassen Sie von den Kindern das Alphabet legen.
Jedes Kind darf einen Buchstaben beisteuern.
Falls Buchstaben fehlen, können Lücken bleiben oder die fehlenden Buchstaben nachgeschnitten werden.

Weitere Themen

Als Schablonen für den Spritzdruck können Sie alle nur erdenklichen Motive nutzen, aus denen einfache Fensterbilder hergestellt werden.
Aber auch Tortendeckchen sind tolle Schablonen! Diese gibt es auch in verschiedenen Größen. Im Handel finden Sie oft auch schon vorgestanzte Schablonen zu den Themen Weihnachten, Muttertag, Frühling, Sommer, Herbst und Winter.

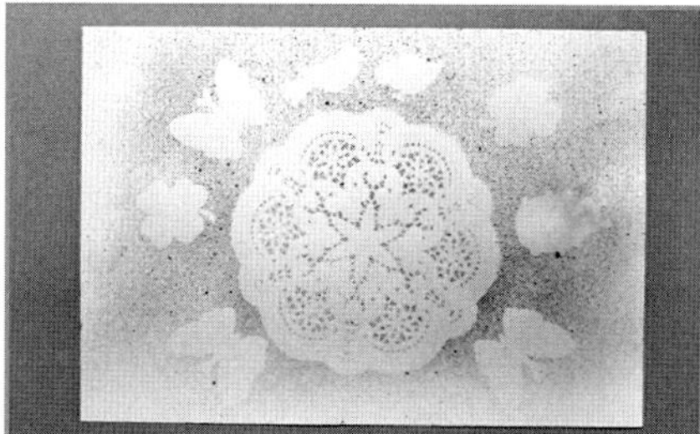

Das Thema Obst bietet sich im Herbst an, Sterne und Herzen in verschiedenen Größen gehen als dekoratives Muster immer.

Für Erstklässler eignet sich der neu gelernte Buchstabe als Gestaltungselement.

Auch für Gemeinschaftsarbeiten eignet sich diese Technik. So könnte jedes Kind ein Motiv – zum Beispiel eine Figur, ein Tier, eine Blume – als Schablone herstellen und auf einen großen Bogen jeweils einmal „spritzen“. Es entsteht ein Bild, an dem alle gearbeitet haben.

Da sich diese Technik auch für Stoffe eignet, können leicht T-Shirts, Einkaufstaschen, Tischdecken, Kissenbezüge ... mit Hilfe von Stoffmalfarben bedruckt werden.

Unterrichtsergebnisse

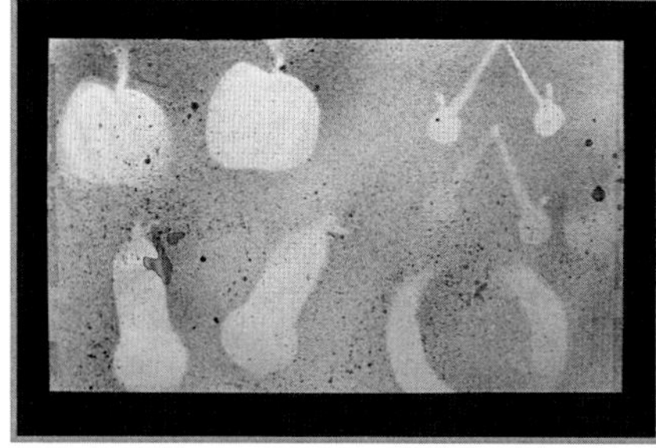

Stempeldruck

Der Stempel gehört mit zu den ältesten Hochdruckverfahren. Die Kinder denken vermutlich beim „Stempeln“ an die vielen lustigen Stempelmotive, die es zu kaufen gibt und gerne als Lob zum Beispiel unter eine Hausaufgabe gestempelt werden.

Beim Stempeldruck wird eine Form mehrmals abgedruckt. Dabei kann eine größere Fläche regelmäßig mit bestimmten Motiven gefüllt werden, sodass ein **Muster** entsteht. Das Muster kann mehrere Farben erhalten, Motive können auch übereinander gedruckt werden.

Für Kinder ist es spannend, ein eigenes Muster zu entwerfen.

Fächerübergreifend bietet sich der Bezug zu Mustern in der Mathematik oder im Bereich Textilgestaltung an.
Mit Stempeln können aber auch **Bilder** gedruckt werden. Dabei können die Kinder ihrer Fantasie und Experimentierfreude freien Lauf lassen.

Stempel aller Art können auch gut von den Kindern selbst hergestellt werden. Sie als Lehrkraft sollten vor einer Unterrichtsreihe „Stempeln“ schon einiges gesammelt haben. Für „Wortstempel“ eignen sich super schon fertige Buchstaben aus Moosgummi. Auch Zahlen lassen sich gut stempeln!

Materialkiste für Stempeldrucke

- Korken in verschiedenen Größen
- Holzstücke aller Art (Holzspielklötze, alte kleine Bretter, Rundholzstücke, kleine Spielfiguren aus Holz, schmale Holzleisten, Holzkeile von Keilrahmen)
- Papprollen, Pappstücke
- Schrauben, Nägel in verschiedenen Größen und Formen
- Schwämme aller Art (gibt es auch in verschiedenen Formen wie Buchstaben, Zahlen, Herzen, Blumen …)
- Moosgummi (als Platten oder auch als vorgestanzte Formen)
- Deckel aller Art (z. B. von Haarspray, Getränken, Cremes, Schaumfestigern)
- Styropor© und Verpackungsmaterial
- Wattestäbchen
- aber auch fertige Stempel aller Art

Zuckergussbilder - Stempeln mit Wattestäbchen (1)

Schwierigkeitsgrad: einfach, ab 1. Schuljahr (auch Kindergarten) möglich
Auflage: einmalig
Zeitaufwand: 1 – 2 Unterrichtsstunden

Material
Kopiervorlagen: Herz, Baum, Stutenkerl (s. S. 12) Wattestäbchen, farbigen Fotokarton, weiße Farbe (Deckweiß oder weiße Acrylfarbe), Deckel oder Schälchen für die Farbe, Schere

Tipp: Halten Sie ausreichend viele Wattestäbchen bereit!

Bereich & Schwerpunkte
Zeichnen und Drucken

Lernziele & **Kompetenzerwartungen**

- gestalten mit dem druckgrafischen Mittel „Punkt" eine Fläche dekorativ und entwickeln eigene Muster oder Spuren
- **experimentieren mit druckgrafischen Mitteln (Punkt, Werkzeugen, Stempeln), grafische Verfahren (Stempeln) und benennen Besonderheiten**

Vorbereitung
Kopieren Sie ausreichend viele Herzen, Tannenbäume und Stutenkerle auf festen Fotokarton. Erfahrungsgemäß wollen alle Kinder alle Formen, die Sie anbieten, auch „verzieren".

Einstieg
Motivierend ist es, wenn Sie zu jeder der drei Formen ein Beispiel angefertigt haben, damit die Kinder eine Vorstellung bekommen, wie das Ergebnis aussehen kann.

Aufgabenstellungen
Stelle dir vor, das Herz wäre ein Lebkuchenherz. Du sollst es jetzt mit Zuckerguss verzieren. Unseren Zuckerguss, die weiße Farbe, tragen wir mit dem Wattestäbchen auf.

Vorgehensweise
Zuerst wird die Form ausgeschnitten.

Druckvorgang
Mit Hilfe eines Wattestäbchens wird nun die Form gestaltet. Dazu jedem Kind einen Klecks weiße Farbe in einen kleinen Deckel geben. Mit dem Wattestäbchen tunkt das Kind in die Farbe und tupft die Farbe dann auf die Form. Dabei kann das Wattestäbchen öfter abgetupft werden und muss erst wieder in die Farbe getunkt werden, wenn der Abdruck zu schwach wird.

Ist eine Seite fertig, muss diese erst trocknen, bevor die Rückseite bearbeitet werden kann. In der Wartezeit kann dann eine andere Form gestaltet werden.

Zuckergussbilder – Stempeln mit Wattestäbchen (2)

Präsentation

Die fertigen Formen können ein Band erhalten und aufgehängt werden. Wir hatten unsere Schnur, die quer durch die Klasse hängt, damit geschmückt. Aber auch am Weihnachtsbaum oder als Fensterdekoration wirken diese Arbeiten sehr schön!

Variation des Themas

Natürlich kann auch nur eine Seite der Form (z. B. vom Herz) gestaltet und anschließend ein Gruß zum Muttertag auf die Rückseite geschrieben werden.
Als weitere Formen eignen sich auch Sterne, das Klassentier, Kreise (als Weihnachtskugeln), Blumen …

Kriterien zur Leistungsbewertung

Hier ist der Ideenreichtum für die Musterung ein Kriterium, aber auch das Durchhaltevermögen und die Sorgfalt.

Kopiervorlagen Herz, Stutenkerl, Baum

Schneemann – Stempeln mit Fingern (1)

Schwierigkeitsgrad: einfach, ab 1. Schuljahr möglich
Auflage: einmalig
Zeitaufwand: 2 Unterrichtsstunden

Material
Wasserfarbkasten, ausreichend Deckweiß (pro Kind mindestens eine kleine Tube), Borstenpinsel, Papierküchentücher (zum Abwischen der Finger), pro Kind einen blauen Bogen Tonpapier (DIN A4), Wassergefäß

Tipp: Anstelle von blauem Tonpapier kann auch ein mit dem Schwämmchen blau eingefärbtes Malpapier benutzt werden. Deckweiß gibt es auch in Flaschen zu kaufen. Alternativ nimmt man weiße Acrylfarbe und gibt den Kindern immer einen Klecks in den Farbkastendeckel.

Bereiche & Schwerpunkte
Zeichnen und Drucken

Lernziele & **Kompetenzerwartungen**

- Die Kinder betrachten ihre Finger genau und erfahren, wie sich Farbe anfühlt.
- Durch den Fingerabdruck können die Kinder die feinen Muster und Linien ihres Fingerabdrucks entdecken.
- Die Kinder erkennen, dass aus vielen Punkten (hier Fingerabdrücken) eine Fläche entstehen kann.
- **Sie experimentieren mit unterschiedlichen zeichnerischen und druckgrafischen Mitteln (hier: Punkt), Werkzeugen (hier: Finger), grafischen Verfahren (hier: Stempeln) und benennen Besonderheiten.**

Einstieg
Als Einstieg eignet sich ein Beispielbild. Sollte man das Glück haben und es liegt Schnee vor der Schule, sollte vorher ein Schneemann gebaut werden!
Man kann aber auch das Foto eines Schneemannes als Einstieg nutzen. Wichtig ist es, dass den Kindern klar wird, wie ein Schneemann aussieht. Dieses Wissen kann man heute nicht mehr bei allen Kindern voraussetzen!

Aufgabenstellungen
Du sollst einen Schneemann nur mit deinem Finger gestalten!

Druckvorgang
Das blaue Mal- oder Tonpapier wird im Hochformat genutzt. Mit Hilfe einer Deckweißtube oder einem kleinen Schälchen Deckweiß und dem Zeigefinger der Schreibhand werden nun weiße Fingerabdrücke aufgetupft.
Für die Form des Schneemannes sollte die untere Kugel größer werden als die zweite Kugel. Der Kopf wird noch ein wenig kleiner.

Fertigstellung
Mit Hilfe eines Borstenpinsels wird nun die Farbe für Hut, Schal, Besen und Gesicht angerührt und diese aufgemalt. Wichtig ist, dass das Weiß vom Schneemann schon trocken ist.
Zum Schluss können noch Schneeflocken mit dem Finger aufgetupft werden.

Schneemann – Stempeln mit Fingern (2)

Präsentation

Aufgeklebt auf einem helleren oder dunkleren blauen Tonpapier können die Schneemänner als Weihnachtsdekoration bis Karneval dienen!

Kriterien zur Leistungsbewertung

Als Kriterium kann die Form des Schneemanns dienen, aber auch die Qualität der Fingerabdrücke und ob diese dicht und bewusst nebeneinander gesetzt wurden. Auch die weitere Ausgestaltung ist zu beachten.

Unterrichtsergebnisse

Variation des Themas

Der Schneemann kann auch mit Korken oder mit dem Wattestäbchen gedruckt werden!

Eule – Daumendruck (1)

Schwierigkeitsgrad: mittel, ab Ende 1. Schuljahr möglich
Auflage: einmalig
Zeit: 2 – 3 Unterrichtsstunden

Material
pro Kind eine Kopiervorlage (s. S. 17) auf DIN A3 vergrößert oder Malpapier und Bleistift, Farbkasten, Wassergefäß, Borstenpinsel, ggf. Schwämmchen, Papierküchentücher (zum Abwischen der Finger), Marker

Bereiche & Schwerpunkte:
Malen & Zeichnen und Drucken

Lernziele & **Kompetenzerwartungen**
- Die Kinder mischen verschiedene Brauntöne.
- Die Kinder verwenden den Daumendruck als Gestaltungsmittel, um „Federn" darzustellen.
- Sie erfahren, dass die Gestaltung der Augen der Eule den Bildausdruck stark verändert.
- **Sie realisieren themenorientiert individuelle Bildideen durch den Einsatz zeichnerischer und druckgrafischer Gestaltungsmittel sowie Verfahren.**
- **Sie realisieren themenorientiert individuelle Bildideen durch den Einsatz malerischer Gestaltungsmittel und Werkzeuge.**

Aufgabenstellung
Heute gestaltest du eine Eule. Das Federkleid am Bauch stellst du mit Hilfe des Daumendruckes dar. Überlege, wie du die Augen gestalten möchtest.

Vorgehensweise
Vorzeichnung
Wenn Sie die Kopiervorlage verwenden, entfällt die Vorzeichnung.
Sie sollten mit den Kindern aber die Möglichkeiten der Augengestaltung besprechen und verschiedene Möglichkeiten an der Tafel sammeln.
Zeichnen die Kinder ihre Eulen selbst, dann sollte erst im Kunsttagebuch / Skizzenheft die Vorzeichnung erfolgen.
Kinder sind durchaus in der Lage, selbst eine Eule zu zeichnen. Hängen Sie als Zeichenhilfe die Kopiervorlage (s. S. 17) an verschiedenen Stellen im Raum auf DIN A3 vergrößert auf.

Hintergrund
Der Hintergrund sollte in einem Blauton eingefärbt werden. Dies kann mit einem Malschwamm oder dem Borstenpinsel erfolgen.
Die Eule selbst sollte möglichst nicht mit eingefärbt werden.
Als Blautöne finden die Kinder im Farbkasten „Ultramarinblau" und „Cyanblau".
Sie können ein Blau nehmen, beide Blautöne mischen oder ein Blau mit etwas Deckweiß aufhellen.

Motiv
Für die Eule bieten sich die Farben „Gebrannte Siena" und „Ockergelb" an. Der Bauch sollte heller werden als der Rest der Eule. Für die Augen eignen sich Gelb, Orange, Ocker, aber auch Gebrannte Siena oder Weiß.

Eule – Daumendruck (2)

Sind alle Flächen eingefärbt, wird der Eulenbauch gestaltet. Dies erfolgt mit dem **Daumendruck.** Einfach mit dem Borstenpinsel Farbe auf den Daumen auftragen. Dazu die Farbe gut anrühren. Dann mit wenig Wasser den Daumen einfärben und jetzt Reihe für Reihe von unten nach oben abdrucken.
Oft kann der Daumen 2- bis 3-mal abgedruckt werden, bevor neue Farbe auf den Daumen aufgetragen wird.

Fertigstellung
Ist das Bild gut durchgetrocknet (am besten bis zum nächsten Tag), werden alle Konturen mit einem schwarzen Marker nachgezogen. Mit dem Marker werden auch die Augen eingezeichnet. Vorher sollte jedes Kind verschiedene Wirkungen der Augen in seinem Kunsttagebuch / Skizzenheft ausprobieren.

Präsentation
Wir haben für die Eulen gelbes Tonpapier als Hintergrund gewählt.

Kriterien zur Leistungsbewertung
Wird die Kopiervorlage benutzt, steht die Ausarbeitung insbesondere des Daumendruckes im Vordergrund. Aber auch Organisation des Arbeitsplatzes und Ausdauer sollten Sie mit berücksichtigen.

Unterrichtsergebnisse

Kopiervorlage Eule

Weintraube – Korkendruck (1)

Schwierigkeitsgrad: mittel, ab Ende 1. Schuljahr möglich
Auflage: einmalig
Zeitaufwand: 3 – 4 Unterrichtsstunden

Material
ggf. Kopiervorlage (s. S. 21) auf DIN A3 vergrößert, ggf. Malpapier, Malschwämmchen, Borstenpinsel, Wasserfarbkasten, Korken, Wassergefäß

Tipp: Die Malschwämme mache ich schon vor dem Verteilen unter dem Wasserhahn nass und drücke sie ein wenig aus!

Bereiche & Schwerpunkte:
Zeichnen und Drucken

Lernziele & **Kompetenzerwartungen**

- Die Kinder nutzen den Korken zur Darstellung einzelner Weintrauben. Dabei erfahren sie, dass jeder „Abdruck" anders sein und die Struktur des Korkens sichtbar werden kann.
- **Sie experimentieren mit unterschiedlichen zeichnerischen und druckgrafischen Mitteln (hier: Punkt), Werkzeugen (hier: Korken), grafischen Verfahren (hier: Stempeln) und benennen Besonderheiten.**

Einstieg
Als Einstieg sollten Sie eine große Traube Weintrauben mitbringen.
Es beeindruckt die Kinder sehr, wenn sie erfahren, dass sie diese Traube heute „malen" sollen und sie einen „Trick" lernen, wie sie schnell Weintrauben darstellen können.

Aufgabenstellung
Heute gestalten wir eine riesige Traube von Weintrauben.

Vorgehensweise
Vorzeichnung
In Klasse 1 und 2 nutze ich gerne die Kopiervorlage, damit sich die Kinder auf das Drucken konzentrieren können. Ab Klasse 3 können Sie die Kopiervorlage als Zeichenhilfe den Kindern an die Tafel hängen und die „Traube" selbst umreißen lassen.

Hintergrund
Der Hintergrund wird mit Hilfe eines Malschwämmchens in Gelb oder Ocker eingefärbt.
Dazu die Farbe im Farbkasten gut anrühren, bis Bläschen erscheinen. Dann den schon feuchten Malschwamm mit dem Borstenpinsel und der Farbe einfärben. Dabei immer genügend Wasser nehmen.
Nun mit dem Malschwamm immer von oben nach unten das gesamte Blatt einfärben.

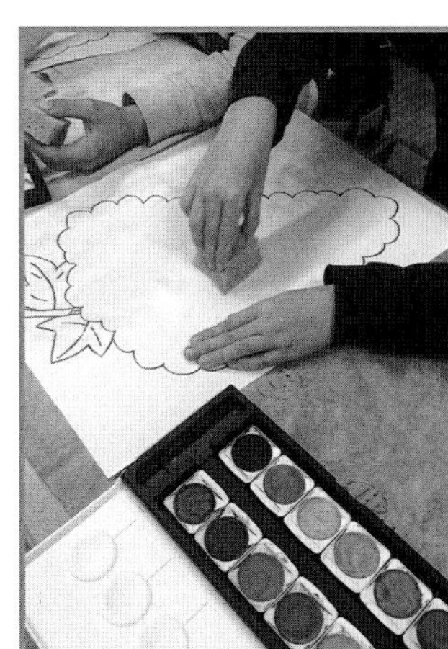

Stempeldruck

Weintraube – Korkendruck (2)

Druckvorgang
Mit dem Borstenpinsel wird nun grüne Farbe angerührt (wieder bis Bläschen erscheinen) und auf einer Seite des Korkens aufgetragen.
Das Drucken sollte Reihe für Reihe von oben nach unten erfolgen.

Fertigstellung
Das fertig gedruckte Bild wird nun mit dem Borstenpinsel ergänzt. Blätter und Stängel werden angemalt.
Mit dem Borstenpinsel und dem Zeigefinger können zuletzt noch Farbspritzer über die Traube gespritzt werden.

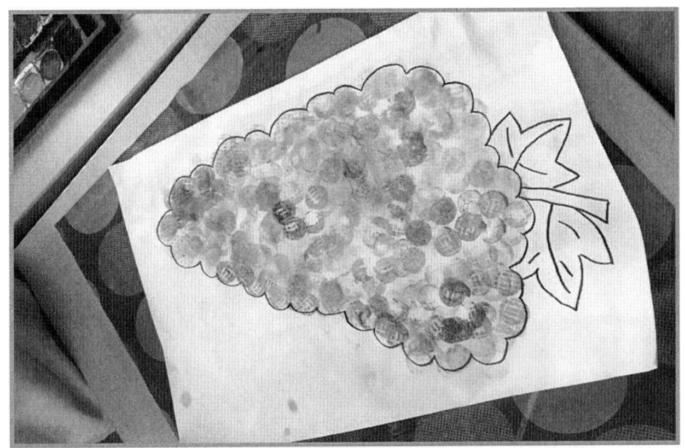

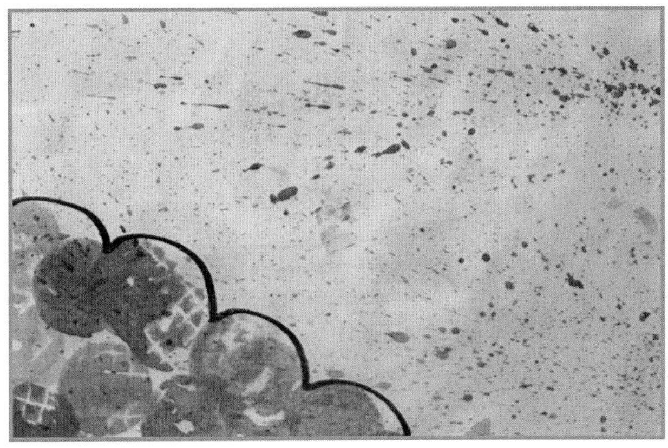

Präsentation
Die „Weintrauben-Bilder" sind eine tolle Herbstdekoration. Aufgeklebt auf rotem oder orangefarbenem Tonpapier wirken die Bilder prima!

Kriterien zur Leistungsbewertung
Hier ist ein wenig Durchhaltevermögen gefragt. Ungeduldige Kinder drucken oft nicht Reihe für Reihe, sondern stempeln einfach drauflos. Dies sollte vorher thematisiert werden! Grundsätzlich gelingen sonst alle Bilder gut und verschiedene Helligkeiten der Abdrücke lassen das Bild besonders lebendig wirken.

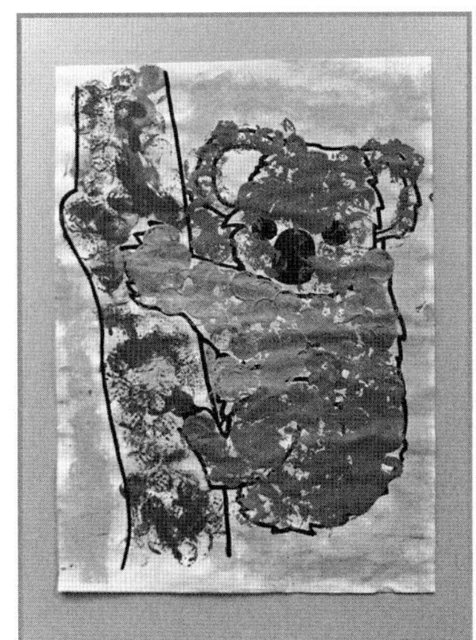

Variation des Themas
Natürlich kann man fast jedes Motiv mit dem Korkdruck gestalten. Wir haben auch unser Klassentier „gedruckt".

Weintraube – Korkendruck (3)

Unterrichtsergebnisse

Kopiervorlage Weintrauben

Blumenwiese – Materialstempeldruck (1)

Stempeldruck

Schwierigkeitsgrad: einfach, ab 1. Schuljahr möglich
Auflage: einmalig
Zeitaufwand: 3 – 4 Unterrichtsstunden

Material
Materialkiste für Stempeldrucke (s. S. 9 mit Pappstreifen und / oder schmalen Hölzern (z. B. Holzkeile für Keilrahmen)), Wasserfarbkasten, Borstenpinsel, Wassergefäß, Papier zum Bestempeln (Das kann auch farbiges Tonpapier sein.), Papierküchentücher

Bereiche & Schwerpunkte
Zeichnen und Drucken

Lernziele & **Kompetenzerwartungen**

- Die Kinder erproben verschieden Materialien zum Stempeln und gestalten florale Gebilde.
- **Sie experimentieren mit unterschiedlichen zeichnerischen und druckgrafischen Mitteln (hier: Punkt, Linie), Werkzeugen (hier: Stempel aller Art), grafischen Verfahren (hier: Stempeln) und benennen Besonderheiten.**
- **Sie realisieren themenorientiert individuelle Bildideen durch den Einsatz zeichnerischer und druckgrafischer Gestaltungsmittel sowie Verfahren.**

Tipps
Wenn die Kinder an Vierer- oder Sechsertischen arbeiten, sollte auf jedem Tisch eine Materialkiste mit einer umfangreichen Auswahl stehen (siehe hierzu auch „Materialkiste für Stempeldrucke"). Lassen Sie auch die Kinder Material mitbringen!

Außerdem sollte jedes Kind ein „Probepapier" neben sich liegen haben, damit es die Abdrücke vorher sehen und dann bewusst im Bild einsetzen kann.

Auch mit dem Format kann man gut experimentieren. Halbieren Sie einfach das Malpapier längs und lassen Sie im Querformat arbeiten. Damit geben Sie schon die „Reihung" als Komposition vor!

Einstieg
Damit die Kinder verstehen, was Sie als Lehrperson sich vorstellen, ist es hilfreich, wenn Sie ein Beispielbild zeigen. Es besteht zwar die Gefahr, dass die Kinder Ihr Bild kopieren. Viele Kinder benötigen aber erst einmal eine Auswahl an Ideen und Vorbildern. Meistens werden die Ergebnisse beim zweiten oder dritten eigenen Bild auch freier und fantasievoller!

Blumenwiese – Materialstempeldruck (2)

Aufgabenstellung
Gestalte eine Blumenwiese durch Drucken mit den verschiedenen Materialien.

Vorgehensweise
Hintergrund
a) Der Hintergrund bleibt einfach weiß. Dadurch entsteht ein eher grafischer Effekt.
b) Der Hintergrund wird mit einem Malschwamm eingefärbt. Das kann einfarbig grün sein oder oben blau (Himmel) und unten grün (Wiese). Dann ergibt sich ein eher malerisches Bild. Dazu wird die Farbe im Farbkasten mit einem Borstenpinsel gut angerührt, bis Bläschen entstehen. Das vorher mit Wasser angefeuchtete Schwämmchen wird nun mit Hilfe des Borstenpinsels und Farbe eingefärbt. Bei Bedarf Wasser hinzugeben. Das Einfärben des Papiers erfolgt immer parallel zum unteren Bildrand von oben nach unten.
c) Als Hintergrund nimmt man farbiges Tonpapier oder schon bedrucktes Papier, wie zum Beispiel Regenbogenpapier.

Motiv
Als Motiv sind Pflanzen und Blumen vorgegeben. Über die Komposition sollten Sie erst bei der Besprechung der ersten Ergebnisse Rückmeldung geben.
Lassen Sie beim ersten Versuch die Kinder „einfach mal machen"! Das Material muss erst einmal erkundet und ausprobiert werden.

Zuerst wird die ausgewählte Farbe mit einem Borstenpinsel gut angerührt, bis Bläschen zu sehen sind. Anschließend wird die Farbe wird mit dem Pinsel auf die Fläche aufgetragen, die abgestempelt werden soll. Mit dem eingefärbten Stempel kann mehrmals hintereinander gedruckt werden, bevor er erneut eingefärbt werden muss.

Bildbetrachtung
Sind die ersten Druckergebnisse fertig, bietet sich eine Bildbetrachtung an. Diese kann gut zu Beginn der nächsten Doppelstunde stattfinden, um dann die Aufgabenstellung genauer festzulegen.

Besprochen werden:
Farbwirkungen
Wie wirken die Ergebnisse auf weißem Papier im Gegensatz zu den Ergebnissen auf farbigem Hintergrund?
Komposition
Auf Kompositionsmöglichkeiten hinweisen:
Hier stehen die Blumen nebeneinander (Reihung). / Hier sind die Blumen durcheinander angeordnet. (Findet man eine Ballung / Streuung?)

Zweite Aufgabenstellung (in der 2. Doppelstunde)
Dabei kommt es ein wenig darauf an, zu welchen Ergebnissen die Kinder gekommen sind.

Meine Vorschläge:
a) Einschränkung der Farbwahl:
- Es darf nur Schwarz benutzt werden.
- Die Blüten dürfen farbig sein, Blätter und Stängel nur schwarz.

Blumenwiese – Materialstempeldruck (3)

b) Vorgabe der Komposition:
  - Reihung: Alle Blumen stehen nebeneinander.
  - Ballung / Streuung: Auf einer Seite gibt es viele Blumen, auf der anderen wenige.

c) Farbwahl und Komposition werden vorgegeben.

d) Das Material wird eingeschränkt, zum Beipiel werden zum Drucken nur Pappkanten verwendet. Es entstehen interessante lineare Strukturen.

Tipp: Sie können auch Gruppen bilden und jede Gruppe erhält eine andere Vorgabe. Dann erhalten Sie interessante Ergebnisse für die Besprechung.

Präsentation

Eher grafische Ergebnisse wirken natürlich gut auf schwarzem Hintergrund. Meine Kinder fanden das aber „nicht schön", sodass wir uns auf eine Farbe geeinigt haben. Wichtig ist es, dass die Bilder vor dem Aufhängen auf farbigem Tonpapier aufgeklebt werden.

Kriterien zur Leistungsbewertung

Beim ersten Versuch würde ich in erster Linie Ideenreichtum und Arbeitseinsatz bewerten. Die Kriterien für den zweiten Versuch sind abhängig von der konkreten Aufgabenstellung.

1. Inwieweit wurden die Vorgaben beachtet?
2. Wie ideenreich wurden die Pflanzen gedruckt?
3. Wie „sauber" sind die Abdrucke gelungen?
4. Wie ist der Gesamteindruck?

Unterrichtsergebnisse

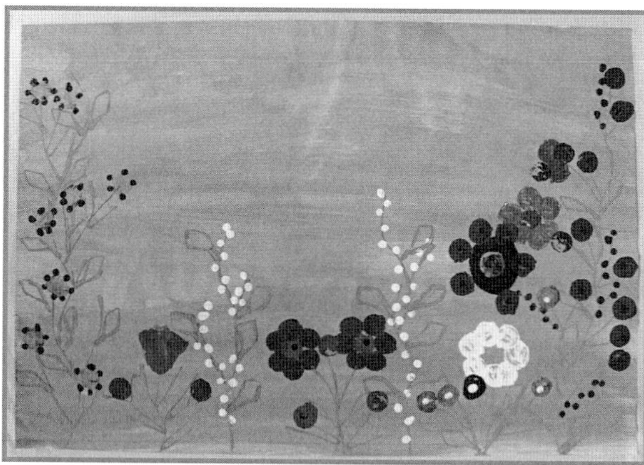

Das kunterbunte Osterei – Muster stempeln (1)

Schwierigkeitsgrad: einfach, ab 1. Schuljahr möglich
Auflage: einmalig
Zeitaufwand: 2 – 3 Unterrichtsstunden

Material
Kopiervorlage Osterei (s. S. 28), Wasserfarbkasten, Wassergefäß, Borstenpinsel, Malschwamm, Material zum Stempeln aller Art, möglichst auch ein paar „Osterstempel“ (s. Tipp)

Tipp: Osterstempel habe ich vorher vorbereitet und fertig gekaufte Osterhasen und Blumen aus Moosgummi auf Korken geklebt. Man kann auch „Streudeko“ aus Holz oder Filz in den Formen nutzen.

Bereiche & Schwerpunkte
Zeichnen, Drucken & Malen

Lernziele & **Kompetenzerwartungen**

- Die Kinder gestalten ein farbenfrohes Osterei und entwickeln dazu verschiedene Muster, die aufgestempelt werden.
- **experimentieren mit unterschiedlichen zeichnerischen und druckgrafischen Mitteln (hier: Punkt, Linie), Werkzeugen (hier: Stempel aller Art), grafischen Verfahren (hier: Stempeln) und benennen Besonderheiten**
- **experimentieren mit Malwerkzeugen (hier: Pinsel, Schwamm), Auftragsarten (hier pinseln, tupfen) sowie verschiedenen farbigen Materialien (hier: Wasserfarben) und benennen Besonderheiten**

Einstieg
Als Einstieg ist es sinnvoll, mit den Kindern den Begriff „Muster“ zu besprechen und Beispiele zu sammeln.

Vorbereitung
Das Osterei kopieren.

Aufgabenstellung
Gestalte das Osterei mit bunten Streifen und verziere jeden Streifen mit einem Muster.

Vorgehensweise
Hintergrund
Als Erstes wird der Hintergrund mit Hilfe eines Malschwammes in einer hellen Farbe – zum Beispiel gelb, hellblau, ockerfarben, hellgrün – eingefärbt. Dabei soll das Osterei selbst weiß bleiben.
Deshalb wird der Hintergrund nicht mit dem Malschwamm „gewischt“, sondern getupft. Dabei die Farbe im Farbkasten gut anrühren bis Bläschen entstehen. Die Farbe dann mit

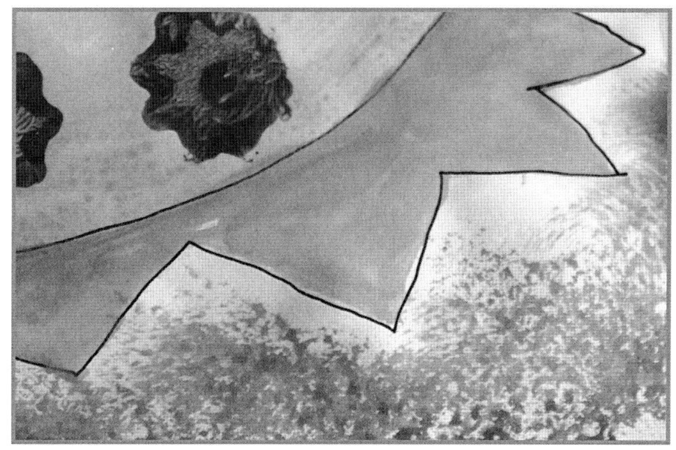

Das kunterbunte Osterei – Muster stempeln (2)

Hilfe des Borstenpinsels auf den Malschwamm auftragen und rund um das Ei auftupfen. Dabei dürfen kleine weiße Stellen bleiben! Auch ist es nicht schlimm, wenn ein wenig „ins Ei" getupft wird!

Osterei farbig gestalten

Nun erhält das Osterei etwa 5 breite, farbige Streifen. Damit das Ei etwas plastisch erscheint, sollten die Streifen in leichten Bögen parallel zum unteren Rand des Eies verlaufen. Ich habe dies den Kindern an einen Beispielbild vorgemalt. Es sollen knallige Farben benutzt werden. Schwarz habe ich verboten. Ist das Ei fertig, wird noch das Nest grün ausgemalt.

Druckvorgang

Jeder Streifen erhält nun ein anderes Muster. Diese Muster werden mit Hilfe des Druckmaterials aufgestempelt.

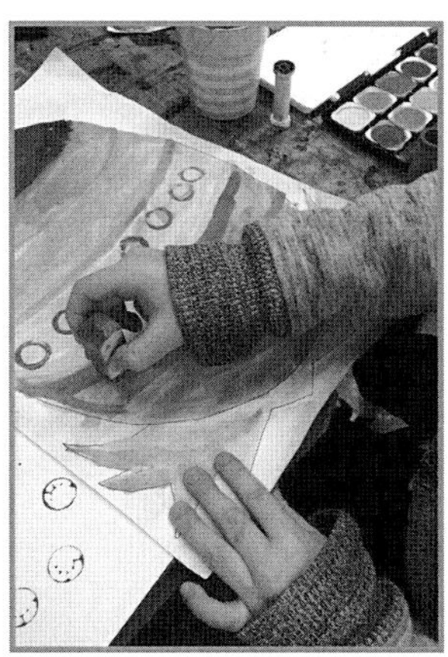

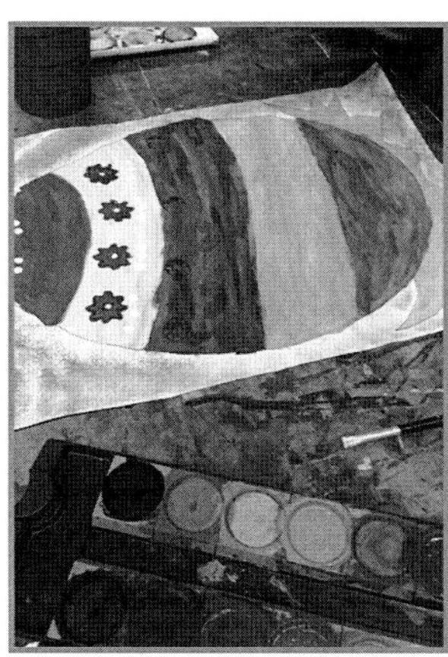

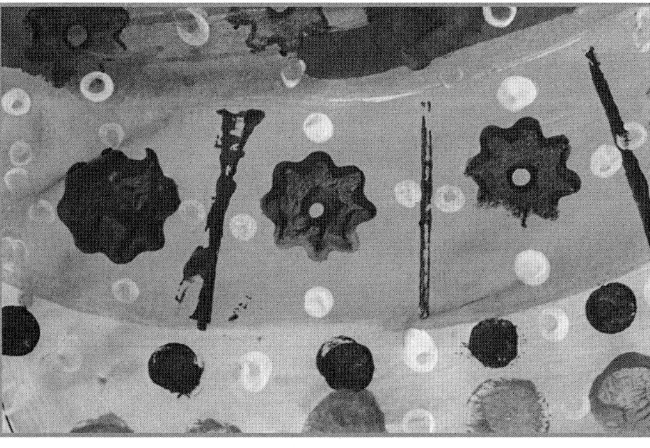

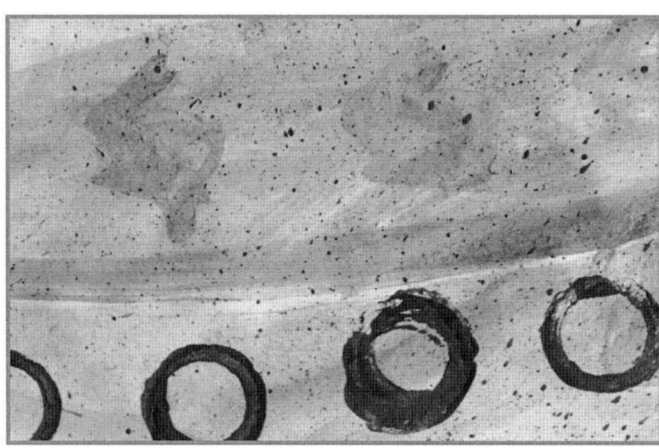

Präsentation

Diese farbenfrohen Gestaltungsergebnisse können auf gelbem oder rotem Tonpapier aufgeklebt werden. Auch ist es möglich, jedem „Ei" einen andersfarbigen Hintergrund zu geben – dann wird das Gesamtbild noch bunter!

Kriterien zur Leistungsbewertung

Neben dem Gesamteindruck des Endergebnisses, der sicher wichtig ist, sollten auch Einfallsreichtum, das gemeinsame Arbeiten an den Tischgruppen mit gemeinsamer Ideenfindung und der Spaß am Ausprobieren mit berücksichtigt werden.

Das kunterbunte Osterei – Muster stempeln (3)

Unterrichtsergebnisse

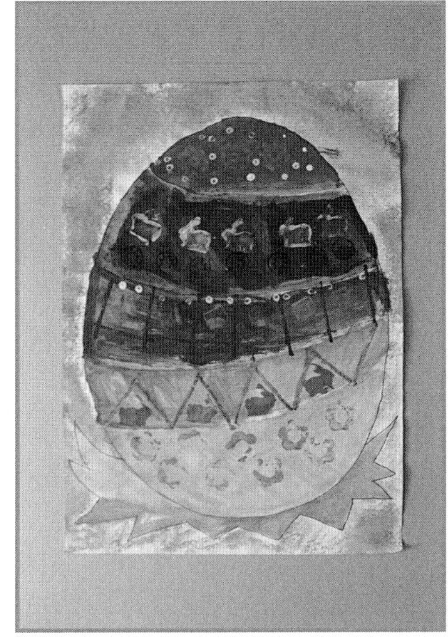

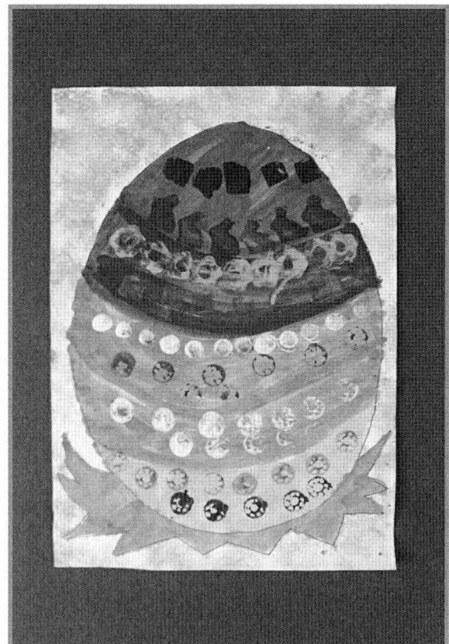

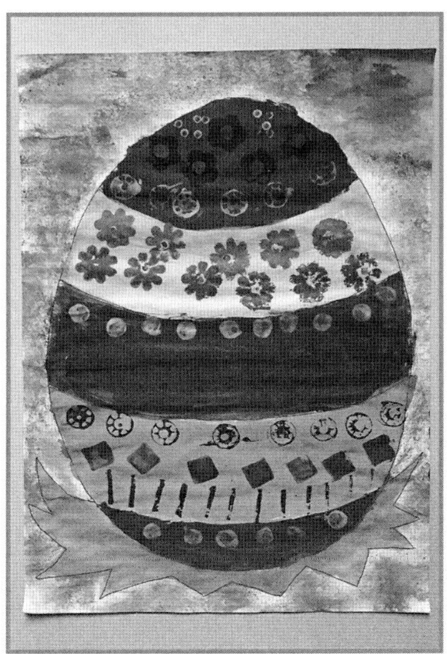

Kopiervorlage Osterei

Ein stacheliger Kaktus – Malerei und Kantendruck (1)

Schwierigkeitsgrad: einfach, ab 1. Schuljahr möglich
Auflage: einmalig
Zeitaufwand: 2 – 3 Unterrichtsstunden

Material
Kopiervorlage als Zeichenhilfe (s. S. 31), Malpapier, Farbkasten, Wassergefäß, Borstenpinsel, Malschwamm, kleine dicke Pappstücke (z. B. von Bierdeckeln) oder kleine Holzstücke (z. B. Keile von Keilrahmen)

Bereiche & Schwerpunkte
Drucken & Zeichnen und Malen

Lernziele & **Kompetenzerwartungen**
- Die Kinder kombinieren Malerei mit Drucken und erproben so verschiedene Auftragsarten.
- Sie erstellen eine eigene Vorzeichnung mit Hilfe einer Kompositionsvorlage.
- **Sie entwickeln eigene Bildzeichen (hier: Kaktus) bei der Realisation ihrer Bildabsicht weiter.**
- **Sie realisieren themenorientiert individuelle Bildideen durch den Einsatz zeichnerischer und druckgrafischer Gestaltungsmittel sowie Verfahren.**
- **Sie realisieren themenorientiert individuelle Bildideen durch den Einsatz malerischer Gestaltungsmittel und Werkzeuge.**

Vorbereitung
Die Kopiervorlage dient ausschließlich als Zeichenhilfe. Kopieren Sie diese etwa fünfmal und hängen Sie sie verteilt im Klassenraum auf.

Einstieg
Als Einstieg habe ich die Kopiervorlage zweimal vorbereitet:
Einmal „nur" die Kopie, an der zeige ich das Einfärben des Hintergrundes mit dem Malschwämmchen.
Als zweites zeige ich ein Bild mit fertigem Hintergrund und fertig ausgemaltem Kaktus (ohne Stacheln!). Daran zeige ich das „Aufstempeln" der Stacheln, das „Dekorieren" mit Farbspritzern und die Möglichkeit, mit Hilfe des Borstenpinsels Blüten zu tupfen.

Aufgabenstellung
Du gestaltest einen Kaktus mit vielen stacheligen Stacheln.

Vorgehensweise
Die von den Kindern selbst gezeichneten Kakteen sehen einfach toll aus, wenn sie völlig unterschiedlich sind, und sie gelingen immer, auch wenn sie „krumm und schief" erscheinen! Lassen Sie die Kinder ihre Vorzeichnungen im Kunsttagebuch entwickeln, bevor sie diese auf das Malpapier übertragen!

Hintergrund
Der Hintergrund wird mit einem Malschwamm in einer hellen Farbe eingefärbt. Wir haben uns auf Gelb geeinigt, Ocker und Hellblau würden auch gehen. Dabei wird die Vorzeichnung mit eingefärbt.

Kaktus einfärben
Kaktus und Blumentopf werden nun mit Hilfe des Borstenpinsels ausgemalt.

Ein stacheliger Kaktus – Malerei und Kantendruck (2)

Stacheln drucken
Nun kommt Schwarz zum Einsatz. Die schwarze Farbe wird gut mit Wasser angerührt, bis Bläschen erscheinen. Das schmale Holzstück oder die Pappe werden nun an der schmalen Kante mit Hilfe des Borstenpinsels eingefärbt. Dann kann man mehrmals abdrucken, bevor wieder neue Farbe aufgetragen wird.

Weitere Verzierungen
Zum Abschluss können noch einige wenige Blüten mit Hilfe des Borstenpinsels aufgetupft werden. Sind Stempel mit Blumenmuster vorhanden, können auch diese zum Einsatz kommen. Auch „Spritzer", mit Borstenpinsel und Zeigefinger erzeugt, können eingesetzt werden.

Präsentation
Auf farbigem Tonpapier aufgeklebt – am besten eine Farbe verwenden, die als Blütenfarbe benutzt wurde – bieten die Kakteen eine Dekoration, die unabhängig von der Jahreszeit ist.

Kriterien zur Leistungsbewertung:
Die Kakteen sehen alle prima aus. Ich finde den Kaktus eines motorisch sehr ungeschickten Jungen am besten gelungen, da er sehr lebendig wirkt. Je sorgfältiger, desto langweiliger? Zu bewerten ist das Durchhaltevermögen, die Freude am Tun und die Bereitschaft, sich mit der Aufgabe auseinanderzusetzen.

Unterrichtsergebnisse

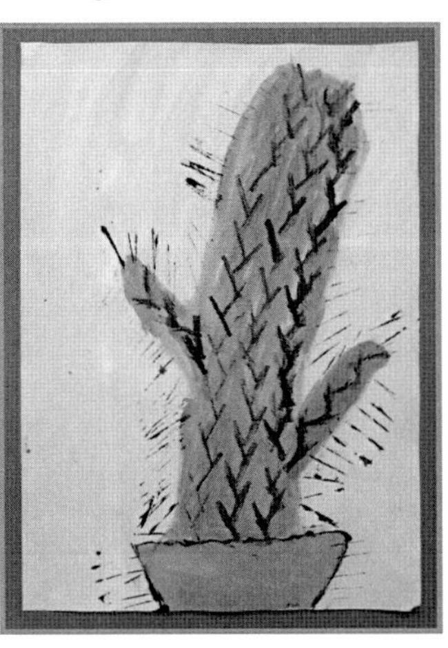

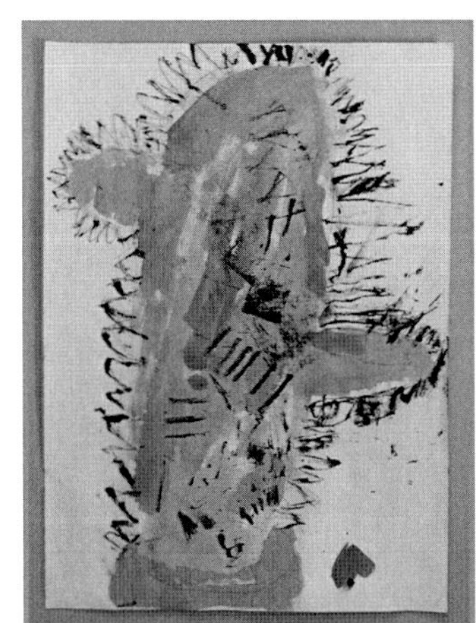
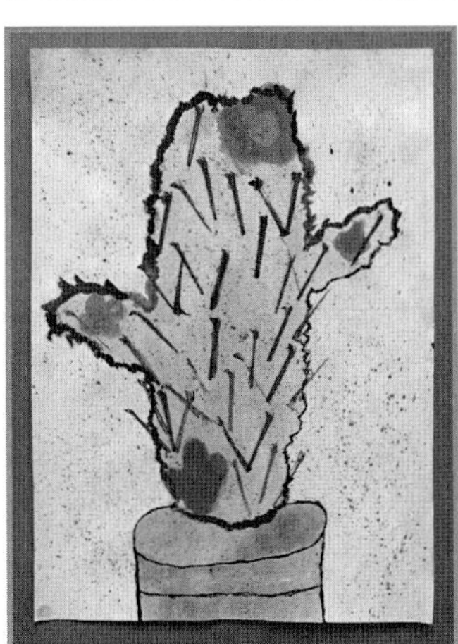
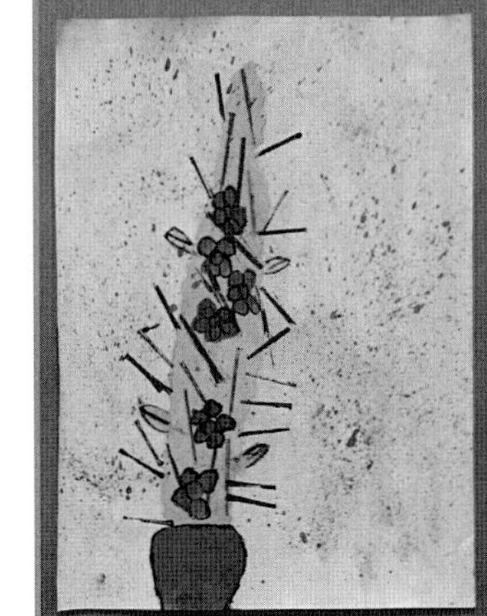

Kopiervorlage Kaktus

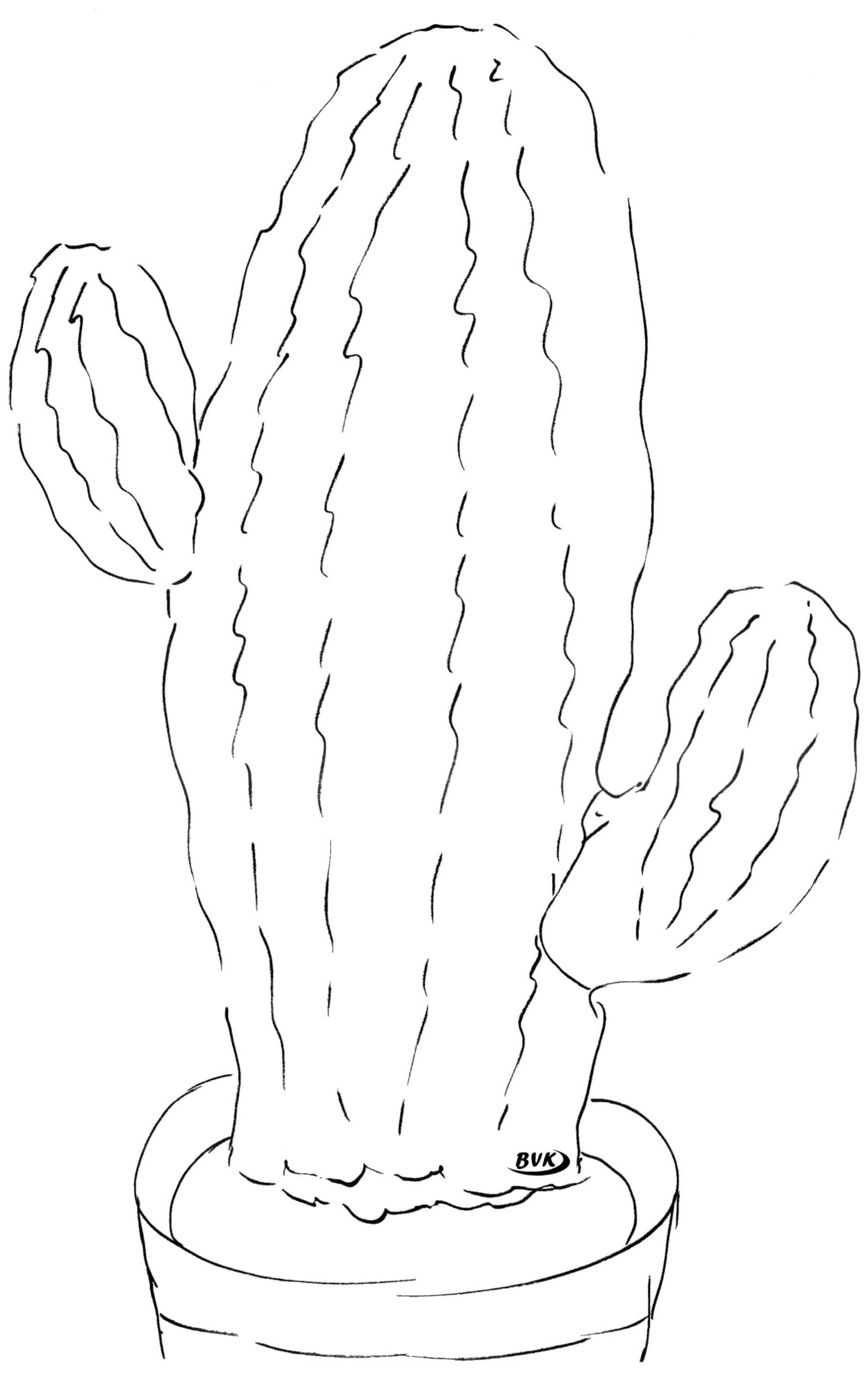

Blätter in Reihe oder durcheinander – Blätterdruck (1)

Schwierigkeitsgrad: sehr einfach, ab 1. Schuljahr geeignet
Auflage: einmalig, jedes Bild ist ein Unikat
Zeitaufwand: 1 – 2 Unterrichtsstunden

Material
frische Blätter (am besten vor der Kunststunde sammeln lassen), Borstenpinsel, Wasserfarbkasten, Wassergefäß, Papierküchentücher, Malpapier zum Bedrucken, Zeitungen oder Wachstuchdecken zum Abdecken der Tische

Tipp: Jedes Kind sollte von seinen Blättern Probedrucke machen können. Daher sollte es ein „Probeblatt" in DIN A4 auf seinem Arbeitsplatz haben. Außerdem benötigt jedes Kind ein bis zwei Papierküchentücher, auf denen das Blatt eingefärbt wird bzw. eventuell auch abgetrocknet werden kann.

Bereiche & Schwerpunkte
Zeichnen und Drucken

Lernziele & **Kompetenzerwartungen**

- Die Kinder sollen Blätter bewusst wahrnehmen und deren Formen und Strukturen genau untersuchen und betrachten.
- Sie lernen die Technik des Blätterdruckes kennen.
- Sie lernen die Begriffe Streuung / Ballung und Reihung als Kompositionsmöglichkeiten kennen.
- **Sie sammeln grafische Spuren und Strukturen aus Alltag, Kunst, Natur** (hier: Blätter) **und stellen begründet eigene Ordnungen her** (hier: Streuung, Ballung oder Reihung, aber eventuell auch Größen-Mengenkontrast).

Einstieg
Als Einstieg bietet sich fächerübergreifend zum Sachunterricht an, schon vorher über Bäume und Wälder zu sprechen. Die gesammelten Blätter können dann den verschiedenen Baumarten zugeordnet werden.

Aufgabenstellungen
Zum besseren Verständnis sollten Sie zu den Begriffen Ballung, Streuung und Reihung jeweils ein Beispielbild vorbereitet haben.

Sie können eine Kompositionsform für alle vorgeben oder die Kinder frei wählen lassen.

Blätter in Reihe oder durcheinander – Blätterdruck (2)

Vorgehensweise

Nachdem die Blätter genau betrachtet wurden und alle Kinder die Unterseite gefunden haben, kann es mit dem Abdrucken losgehen. Die Farbe im Farbkasten muss mit dem Borstenpinsel gut angerührt werden, sodass Bläschen zu sehen sind. Anschließend wird die Farbe auf der unteren Seite des Blattes vom Stängel ausgehend zum Rand hin aufgetragen. Dabei darf nicht zu viel Wasser benutzt werden, sonst werden die filigranen Linien nicht sichtbar!

Tipps:

- Beim Abdrucken muss wirklich an allen Stellen des Blattes etwas Druck ausgeübt werden.
- Besonders schöne Effekte erreicht man, wenn zwei oder mehr Farben gleichzeitig auf das Blatt aufgetragen werden. Ausprobieren lassen!
- Ist das Blatt einmal zu nass geworden, kann es vorsichtig mit einem Papierküchentuch abgetupft werden.

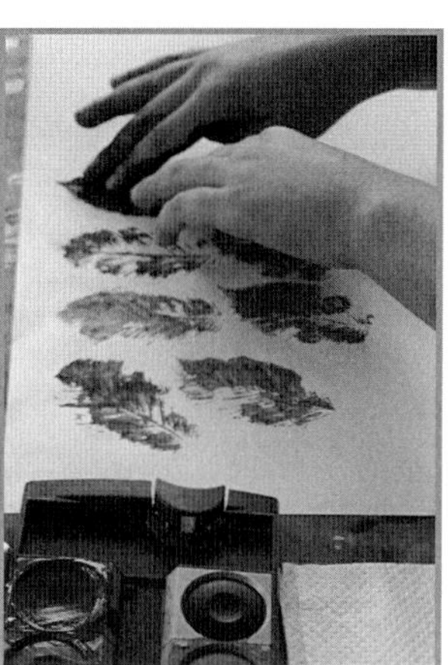

Das Blatt wird während des Druckvorganges nicht mit Wasser gesäubert, da es sonst zerreißt. Immer wieder wird neue Farbe aufgetragen. Manchmal kann ein Blatt auch mit einem Farbauftrag zweimal abgedruckt werden – ausprobieren lassen!

Präsentation

Auf Tonpapier aufgeklebt und eventuell mit einem Infoblatt zur Baumart des gedruckten Blattes kann das Ergebnis im Schulgebäude aufgehängt werden.

Kriterien zur Leistungsbewertung

Hier spielt der Zufall auch eine große Rolle. Aber mit ein wenig Übung haben die Kinder schnell die Technik begriffen und können dann auch recht sorgfältig arbeiten. Auf jeden Fall kann beurteilt werden, ob die Komposition berücksichtigt wurde.

Blätter in Reihe oder durcheinander – Blätterdruck (3)

Unterrichtsergebnisse

Igel im Blätterhaufen – Blätterdruck (1)

Schwierigkeitsgrad: einfach, ab 1. Schuljahr möglich
Auflage: einmalig
Zeitaufwand: 1 – 2 Unterrichtsstunden

Material
frische Blätter (am besten vor der Kunststunde sammeln lassen), Borstenpinsel, Malschwamm, Wasserfarbkasten, Wassergefäß, Papierküchentücher, Malpapier als Quadrat geschnitten, Pappkärtchen oder dünne Holzplättchen (z. B. Keile für Keilrahmen) für die Igelstacheln, Zeitungen oder Wachstuchdecke zum Abdecken der Tische, eventuell Kopiervorlage (s. S. 38) auf DIN A3 vergrößert (zum Aufhängen als Zeichenhilfe etwa 5 Exemplare), Bleistift

Bereiche & Schwerpunkte
Zeichnen und Drucken & Malen

Lernziele & **Kompetenzerwartungen**

- Die Kinder sollen Blätter bewusst wahrnehmen und deren Formen und Strukturen genau untersuchen und betrachten.
- Sie lernen die Technik des Blätterdruckes kennen oder verfeinern diese.
- Sie lernen die Herbstfarben als „warme Farben" kennen und benutzen diese.
- **Sie sammeln grafische Spuren und Strukturen aus Alltag, Kunst, Natur (hier: Blätter) und stellen begründet eigene Ordnungen her (hier: Ballung).**
- **Sie stellen experimentell neue Farbtöne zum Malen her und beschreiben Entstehungsprozesse sowie Wirkungen.**

Einstieg
Wurde das Thema „Igel" im Sachunterricht behandelt, bietet sich dieses Gestaltungsthema besonders an. Dass der Igel im Herbst Blätter sammelt und sich ein Schlaflager für den Winter herrichtet, wissen oft viele Kinder. Ein Gespräch darüber kann gut als Einstieg für dieses Thema dienen.

Aufgabenstellung
Du sollst einen Igel in einem Blätterhaufen darstellen. Blätter im Herbst haben besondere Farben, man sagt dazu auch „warme Farben".

Vorgehensweise
Zuerst sollten die Begriffe „warme und kalte Farben" geklärt werden. Auch kann noch einmal besprochen werden, wie gewisse Farbtöne gemischt werden können. Auch auf die Möglichkeit, zwei Farben gleichzeitig auf das Blatt aufzutragen, sollte hingewiesen werden.

Vorzeichnung
Auf das quadratische Format wird mit Bleistift der Igel vorgezeichnet. Dabei soll er möglichst groß dargestellt werden. Die Kopiervorlage dient als Zeichenhilfe!

Hinweis
Nehmen Sie die Kopiervorlage wirklich nur als Zeichenhilfe für die Kinder und lassen Sie diese nicht „ausmalen". Die Ergebnisse werden viel interessanter, wenn jedes Kind seinen individuellen Igel gemalt hat!

Igel im Blätterhaufen – Blätterdruck (2)

Hintergrund
Tipp: Vor dem Verteilen der Malschwämme alle Schwämme einmal richtig nass machen und kurz ausdrücken!

Nun wird mit Hilfe eines Malschwammes das ganze Blatt in Ocker eingefärbt. Dazu die Farbe mit dem Borstenpinsel gut anrühren – bis Bläschen entstehen – und dann auf den feuchten Malschwamm auftragen. Das Einfärben erfolgt immer in einer Richtung – von links nach rechts oder von oben nach unten.

Blätter drucken
Zuerst muss das Kind die Unterseite des Blattes gefunden haben, dann kann es mit dem Drucken losgehen. Dies sollten Sie noch einmal kurz mit den Kindern besprechen.

Die Farbe im Farbkasten muss mit dem Borstenpinsel gut angerührt und die Farbe vom Stängel ausgehend zum Rand hin aufgetragen werden. Es können auch zwei oder drei Farben gleichzeitig auf ein Blatt aufgetragen werden. Dabei nicht zu viel Wasser benutzen lassen.
Ist ein Blatt einmal zu nass geworden, kann es vorsichtig mit einem Küchentuch abgetupft werden.
Die Blätter werden dann „kreuz und quer" um den Igel herum auf das Blatt gedruckt.
Dabei können verschiedene Blätter benutzt werden. Die Blätter können sich überschneiden oder übereinander gedruckt sein. Dabei soll das Malpapier richtig vollgedruckt werden.

Igel
Da der Blätterhintergrund schnell trocknet, kann nun der Igel braun ausgemalt werden. Nase und Augen nicht vergessen!

Stacheln
Zuletzt werden die Stacheln mit Hilfe des Pappkantendruckes aufgedruckt. Dazu benötigt man ein Stück dicker Pappe (ca. 2,5 x 2,5 cm, etwa 1 – 1,5 mm dick) oder ein Holzplättchen. Alternativ funktioniert auch die schmale Seite eines Lineals!
Nun die schwarze Farbe auf die Kante auftragen und als Stachel abdrucken. Dabei kann man vor dem Nachfärben mehrfach drucken!

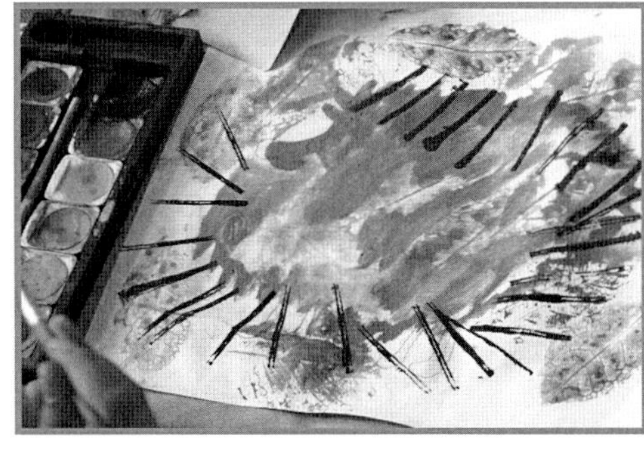

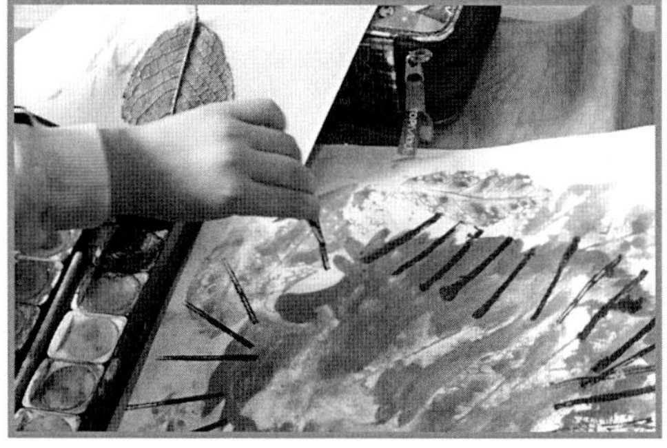

Falls Igel-Nase und Igel-Mund nicht gut geglückt sind oder vergessen wurden, können diese mit einem schwarzen Filzstift oder Marker noch nachträglich eingezeichnet werden.

Igel im Blätterhaufen – Blätterdruck (3)

Präsentation

Auf gelben oder orangefarbenen Tonpapier aufgeklebt wirken die Igel richtig gut.

Kriterien zur Leistungsbewertung:

Ein Kriterium ist sicher die Zeichnung des Igels: Ist er formatfüllend gelungen?
Auch die Qualität der Blattabdrücke ist zu bewerten und das Durchhaltevermögen, möglichst viele Blätter abzudrucken.
Aber auch die Organisation des Arbeitsplatzes und die Arbeitsabläufe sind zu berücksichtigen.

Unterrichtsergebnisse

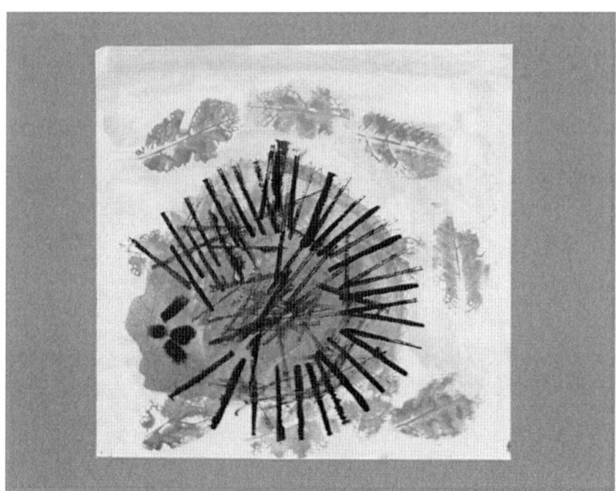

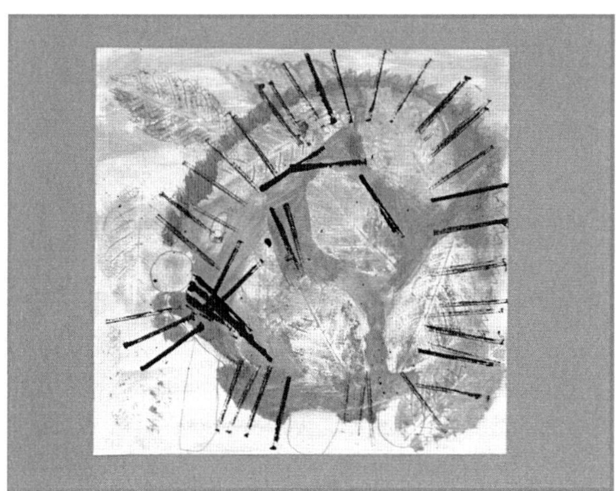

Kopiervorlage Igel

Autoverkehr – Styropor®druck (1)

Schwierigkeitsgrad: einfach, lässt sich gut mit anderen Techniken, wie Malerei oder Zeichnung, kombinieren
Auflage: gering (10 – 20 Abzüge)
Zeitaufwand: 2 – 3 Unterrichtsstunden

Material
Skizzenpapier, Bleistift, Schere zum Ausschneiden, Polyblock-Druckplatten im DIN-A6-Format (Postkartengröße), langer Nagel zum Einritzen (oder Schere, Bleistifte, Kugelschreiber, Gabeln, o. Ä.), Wasserfarbkasten, Wassergefäß, Borstenpinsel, Malschwämmchen, Malpapier, Zeitungen als Unterlage, ggf. schwarzer Filzstift

Tipp: Es gibt im ALS-Verlag sogenannte Polyblock–Druckplatten zu kaufen. Diese sind aus einem elastischen Weichpolystyrol. Die Platten sind im DIN-A4-Format erhältlich und lassen sich leicht schneiden und somit teilen. Sie können diese auch gut an der Schneidemaschine zuschneiden!

Bereiche & Schwerpunkte
Zeichnen und Drucken

Lernziele & **Kompetenzerwartungen**

- lernen die Drucktechnik als Möglichkeit der Vervielfältigung kennen
- lassen Bilder durch Einritzen entstehen und lernen damit den Weißliniendruck kennen
- **entwickeln eigene Bildzeichen (hier: Autos) bei der Realisierung ihrer Bildabsichten weiter**
- **realisieren themenorientiert individuelle Bildideen durch den Einsatz zeichnerischer und druckgrafischer Gestaltungsmittel sowie Verfahren**

Einstieg
Stellen Sie Ihren Kindern die Polystyrol-Platten vor und zeigen Sie, dass man daraus mit der Schere Formen ausschneiden kann. Diese Formen erhalten dann mit Hilfe eines spitzen Gegenstandes eine Binnenstruktur.
Zeigen Sie anschließend, wie diese Form mit Wasserfarben auf das Malpapier gedruckt werden kann.

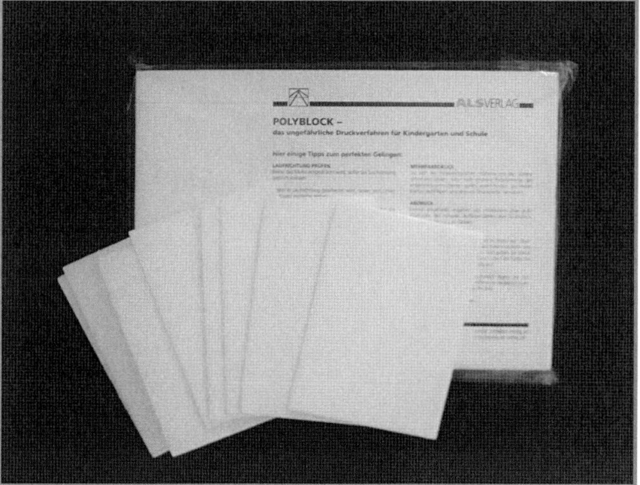

Aufgabenstellung
Auf deiner Straße fährt dein Auto ganz oft in verschiedenen Farben.

Autoverkehr – Styropor®druck (2)

Vorgehensweise

Vorzeichnung

Die Einfachheit der Technik verleitet die Kinder dazu, direkt loszulegen. Bestehen Sie auf einem Entwurf auf einem Blatt Papier (ebenfalls DIN-A6-Format).
Auch in die Vorzeichnung sollen schon Details wie Reifen, Fenster, Scheinwerfer … eingezeichnet werden.

Vorbereitung des Untergrundes

Das Papier, das bedruckt werden soll, wird mit Hilfe eines Malschwämmchens in einem hellen Farbton (Ocker, Gelb, Orange, Hellgrün) eingefärbt. Dazu wird die Farbe mit einem Borstenpinsel gut angerührt, auf das feuchte Malschwämmchen aufgetragen und von links nach rechts über das Papier gewischt, sodass Streifen entstehen. Diese Streifen sind durchaus erwünscht und machen den Hintergrund interessanter.

Erstellen der Druckplatte

Nun wird eine „Auto-Druckplatte" erstellt. Die Vorzeichnung wird ausgeschnitten und auf die Polyblockplatte übertragen. Dabei werden die entsprechenden Details wieder eingeritzt und dann das Auto ausgeschnitten.

Drucken der Autos

Die „Auto-Druckplatten" werden nun mit Wasserfarbe eingefärbt. Dazu die Wasserfarbe gut anrühren lassen (bis Bläschen zu sehen sind) und die Druckplatten auf der Seite einfärben, wo die Details eingeritzt sind. Dann auf das Blatt legen und leicht andrücken, wieder abziehen und den Vorgang solange wiederholen, bis das Blatt voller Autos ist. Die Farbwahl kann frei erfolgen.
Manche Kinder wollten ihre Autos auch noch mit einem schwarzen Filzstift bzw. Fineliner bearbeiten. Das ist auch eine grafische Möglichkeit, Details einzuzeichnen.
Auch „missglückte" Abdrücke können damit „gerettet" werden!

Tipp: Es können auch mehrere Kinder ihre Autos austauschen und zu einem gemeinsamen Bild drucken, sodass auf einem Blatt unterschiedliche „Autotypen" zu finden sind!

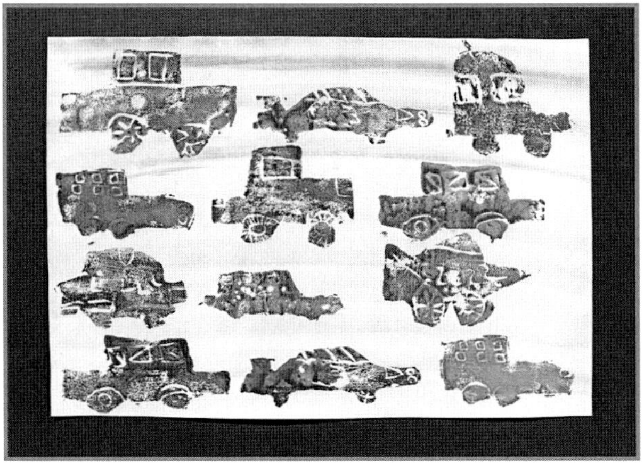

Autoverkehr – Styropor®druck (3)

Präsentation
Auf farbiges Tonpapier aufgeklebt – dazu eine Farbe von den Autos wählen – wirken die Autos besonders gut.

Kriterien zur Leistungsbewertung
Bei der Bewertung kann die Detailvielfalt innerhalb des Autos berücksichtigt werden, dabei ist auch auf die Qualität der Abdrücke zu achten.

Variation des Themas
Als Motive eignen sich auch gut Blumen für eine Blumenwiese, Hasen für die Osterhasenschule, Herzen für Muttertag, Fische im Meer oder vielleicht auch das Klassentier.

Die Vorgehensweise ist immer die gleiche!

Hier einige Beispiele

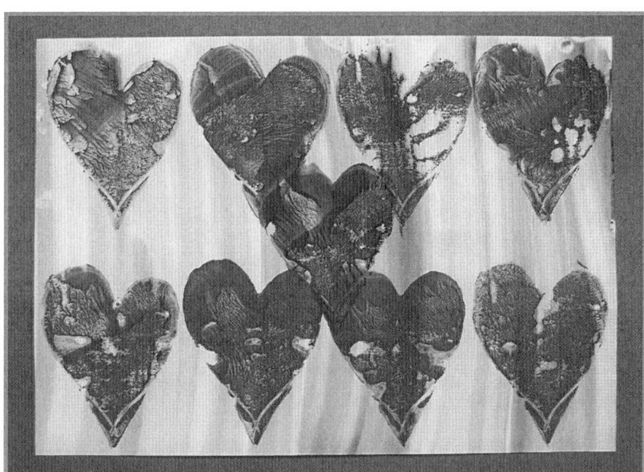

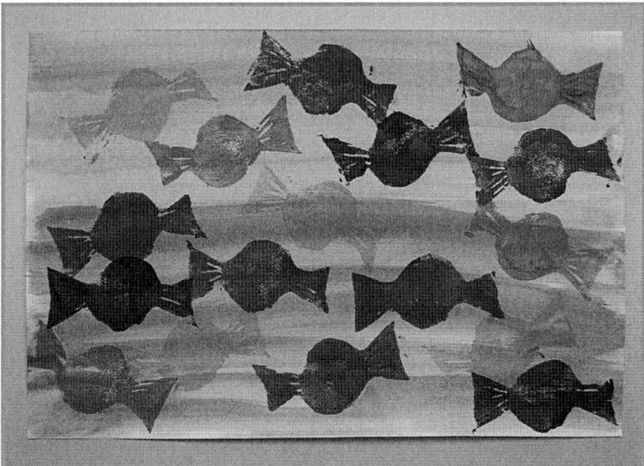

Autoverkehr – Styropor®druck (4)

Unterrichtsergebnisse

Fische im Wasser – Styropor®druck (1)

Schwierigkeitsgrad: einfach, ab 1. Schuljahr möglich
Auflage: gering (10 – 20 Abzüge)
Zeitaufwand: 2 – 3 Unterrichtsstunden

Material
Skizzenpapier in DIN A6, Bleistift, Schere zum Ausschneiden, Polyblock-Druckplatten im DIN-A6-Format (Postkartengröße), langen Nagel zum Einritzen (oder spitzen Bleistift), Wasserfarbkasten, Wassergefäß, Borstenpinsel, Malschwämmchen, Malpapier, Zeitungen als Unterlage, ggf. Küchenpapier

Bereiche & Schwerpunkte
Zeichnen und Drucken

Lernziele & **Kompetenzerwartungen**

- lernen die Drucktechnik als Möglichkeit der Vervielfältigung kennen
- lernen den Weißliniendruck kennen
- lassen Bilder durch Einritzen entstehen
- **experimentieren mit unterschiedlichen zeichnerischen und druckgrafischen Mitteln (hier: Punkt und Linie), Werkzeugen (hier: Bleistift), grafischen Verfahren (hier: Stempeln) und benennen Besonderheiten**
- **entwickeln eigene Bildzeichen (hier: Fisch) bei der Realisierung ihrer Bildabsichten weiter**
- **realisieren themenorientiert individuelle Bildideen durch den Einsatz zeichnerischer und druckgrafischer Gestaltungsmittel sowie Verfahren**

Hinweis
Auch hier wird aus der Polystyrol-Platte ein Druckstock gefertigt, der wie ein Stempel benutzt werden kann. Dabei kann die Farbe mit Hilfe des Wasserfarbkastens und einem Borstenpinsel aufgetragen werden.

Einstieg
Stellen Sie Ihren Kindern die Polystyrol-Platten vor und zeigen Sie, dass man daraus auch Formen ausschneiden kann. Diese Formen erhalten dann mit Hilfe eines spitzen Gegenstandes – am besten eines langen Nagels – eine Binnenstruktur. Zeigen Sie anschließend, wie diese Form mit Wasserfarben auf das Malpapier gedruckt werden kann.

Aufgabenstellung
Gestalte ein Meer mit einem Fischschwarm.

Vorgehensweise
Vorbereitung des Untergrundes
Zuerst sollte der Untergrund vorbereitet werden, damit dieser schon einmal trocknen kann. Das Papier, welches bedruckt werden soll, wird erst einmal ausgehend von den langen Seiten vorsichtig nach innen geknittert, sodass eine „Papierwurst" entsteht. Anschließend das Papier wieder glatt streichen.

Nun wird es mit Hilfe eines Malschwämmchens in den Farben Cyanblau und Blaugrün eingefärbt. Dazu wird die Farbe mit einem Borstenpinsel gut angerührt, auf das feuchte Malschwämmchen aufgetragen und von links nach rechts über das Papier gewischt, sodass Streifen entstehen. Kleine weiße Stellen sind durchaus erwünscht!

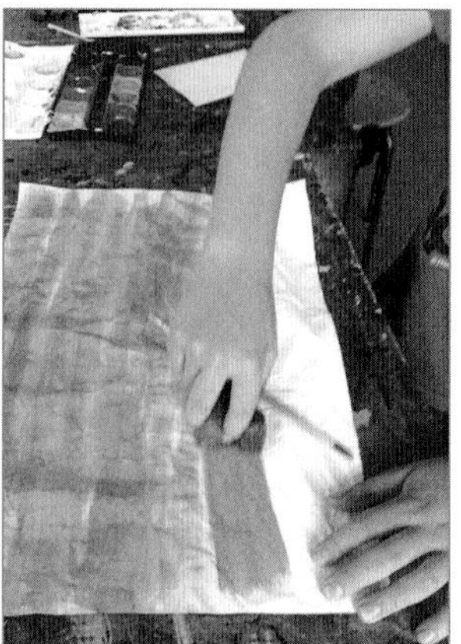

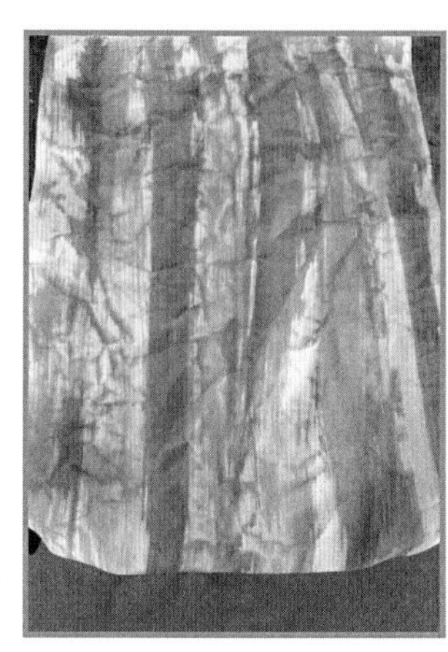

Vorzeichnung

Dazu sollten die Kinder ihren Entwurf des Fisches zunächst einmal auf ein Blatt Papier (ebenfalls DIN-A6-Format) vorzeichnen. Dabei ist wichtig darauf zu achten, dass die Schwanzflosse des Fisches stabil am Körper bleibt!

Erstellen der Druckplatte

Aus der Polyblock-Druckplatte wird nun die Druckplatte hergestellt. Anschließend wird die Vorzeichnung ausgeschnitten und mit dem Bleistift auf die Polyblock-Druckplatte übertragen und ausgeschnitten.

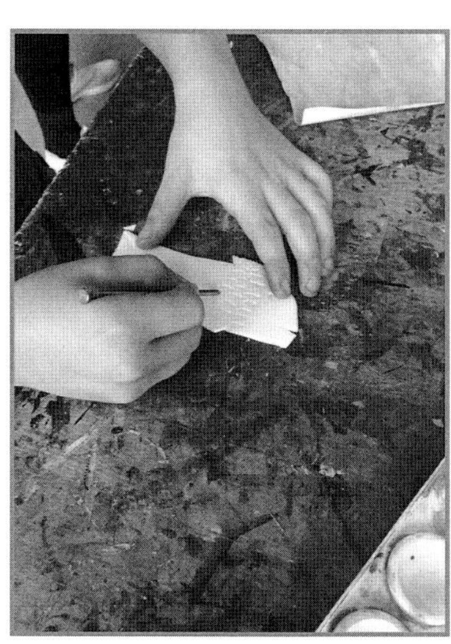

Drucken der Fische

Die Fische werden nun auf der strukturierten Seite mit Wasserfarbe eingefärbt. Dazu die Wasserfarbe gut anrühren lassen (bis Bläschen zu sehen sind) und die Farbe mit dem Borstenpinsel auftragen. Dabei darauf achten, dass der Pinsel nicht zu nass ist, lieber noch einmal ein wenig auf einem Tuch (z. B. einem Küchentuch) abtupfen.

Nun wird der Fisch auf dem Blatt positioniert, fest angedrückt – dabei mit dem Finger einmal rundherum andrücken und anschließend vorsichtig wieder abgehoben. Der Vorgang wird so lange wiederholt, bis das „Künstlerkind" mit seinem Ergebnis zufrieden ist!

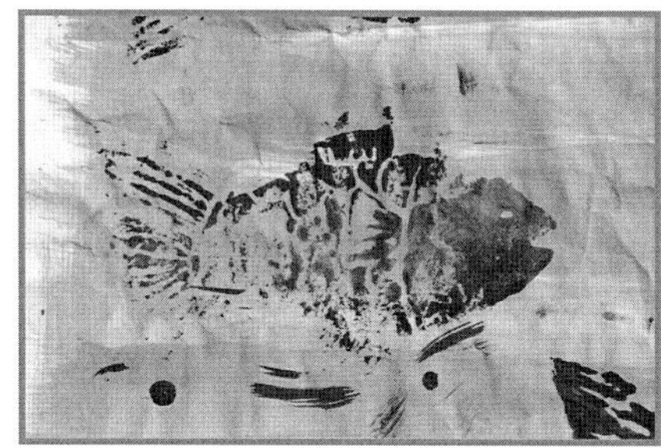

Farbige Gestaltung der Fische
Natürlich kann der Druckstock des Fisches mit mehreren Farben gleichzeitig eingefärbt und dann abgedruckt werden!

Präsentation
Da die Hintergründe „zerknittert" sind, müssen diese Bilder auf ein farbiges Tonpapier aufgeklebt werden. Wir haben die Farben Blau und Rosa gewählt und jedes Bild mit einem kleinen farbigen Rand aufgeklebt.

Kriterien zur Leistungsbewertung
Dieses Thema habe ich mit Hilfe eines kleinen Bewertungsbogens (s. S. 46) zuerst vom Kind selbst bewerten lassen, dann wurde es von mir bewertet.

Vorlage „Bewertungsbogen" (s. S. 48)

Unsere Kriterien:
- Hintergrund (Farbe und Farbauftrag)
- Fischform (Ist ein „Fisch" erkennbar?)
- Strukturen im Fisch (Ideenreichtum)
- Abdrücke gelungen (nicht zu viel / zu wenig Wasser benutzt)
- Komposition (Schwarm, Reihung, ist das Blatt ausgenutzt worden)

Unterrichtsergebnisse

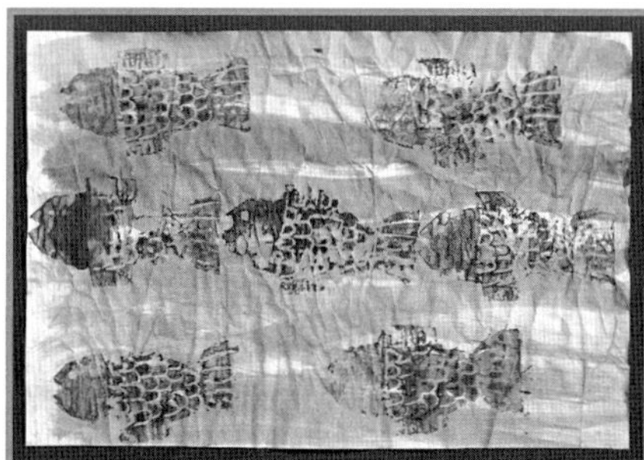

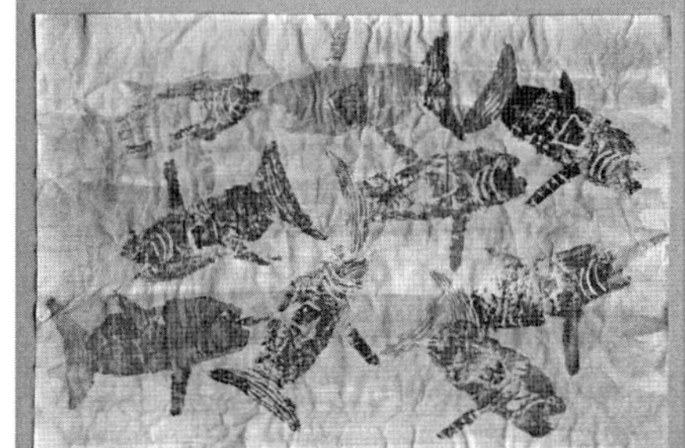
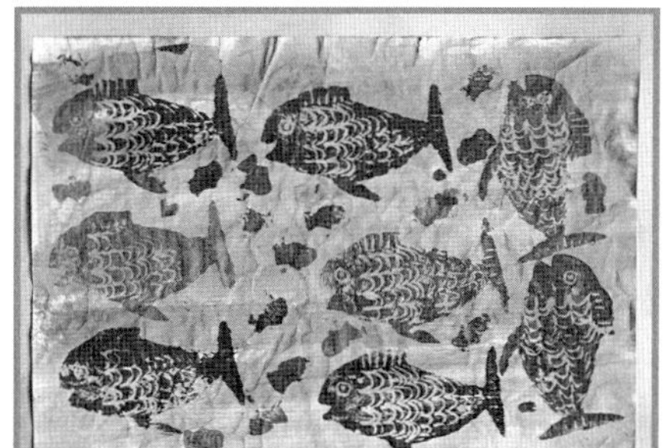

Monotypien (1)

Schwierigkeitsgrad: einfach, ab 1. Schuljahr möglich
Auflage: einmalig
Zeitaufwand: 2 Unterrichtsstunden

Die Monotypie ist ein Druckverfahren, welches jeweils nur einen Abzug herstellt, daher der Name Monotypie – Einmaldruck. Monotypien lassen sich einfach herstellen, liefern schöne Ergebnisse und sind als Technik bei den Kindern sehr beliebt.

Material:
Jedes Kind benötigt eine ebene, glatte Platte aus Acrylglas, Glas, Metall oder Plastik, die in etwa die Größe des Bildes haben sollte.
Benutzen kann man Glas- oder Acrylplatten von Bilderrahmen, alte Spiegel, dünnere Schneidebrettchen oder dickere Tischsets aus Kunststoff.

Achtung: Achten Sie unbedingt darauf, dass die Materialien keine scharfen Kanten haben und die Kinder vorsichtig damit umgehen.

Gemalt werden kann mit Farben aus dem Wasserfarbkasten, Acryl- oder Temperafarben.
Es empfiehlt sich, den Arbeitsplatz mit Zeitungen oder einer Wachstuchdecke abzudecken.
Nach jedem Abzug sollte die Platte gereinigt werden, damit ein neues „Bild" entstehen kann.
Dies kann mit Küchentüchern und einer Wassersprühflasche gut am Platz gemacht werden.
Die gründliche Reinigung der Platte sollte zum Schluss am Waschbecken erfolgen.

Hinweis
Als Monotypie lassen sich alle nur erdenklichen Motive und Themen gestalten. Wichtig ist nur, dass sich die Bildidee schnell umsetzen lässt, da die Farben nicht trocknen dürfen.
Eine Wassersprühflasche kann manchmal ein Bild retten und für interessante Effekte sorgen.
Monotypien mit einfachen Farbverläufen oder einfachen Mustern lassen sich auch prima als Hintergründe für Bilder benutzen oder weiterbearbeiten.
Achtung: Das Bild erscheint auf dem Papier spiegelverkehrt!

Technik
Es gibt zwei (einfache) verschiedene Techniken, eine Monotypie herzustellen: Beide Techniken lassen sich auch kombinieren.

Monotypien (2)

1. Abzug eines gemalten Bildes

Die einfachste Möglichkeit ist es, auf einer glatten Platte mit einem Borstenpinsel oder den Fingern ein Bild aufzumalen. Anschließend wird auf die noch feuchte Farbe ein Malpapier aufgelegt, mit den Händen gut angedrückt und anschließend abgezogen.

2. Abzug eines „reduzierten" Bildes

Als weitere Möglichkeit wird die Platte ganz mit Farbe eingefärbt. Dabei können verschiedene Farbtöne verwendet werden. Das Motiv entsteht nun, indem an einigen Stellen Farbe wieder weggenommen wird. Dies kann mit Hilfe eines Pinselstiels, einer schmalen Pappkante, den Fingern o. Ä. passieren. Es können auch Papierschablonen aufgelegt werden, sodass an diesen Stellen keine Farbe abgedruckt wird. Auch hier wird auf die noch feuchte Farbe ein Malpapier aufgelegt, mit den Händen gut angedrückt und anschließend abgezogen.
Das Motiv bleibt weiß, der Hintergrund ist farbig.

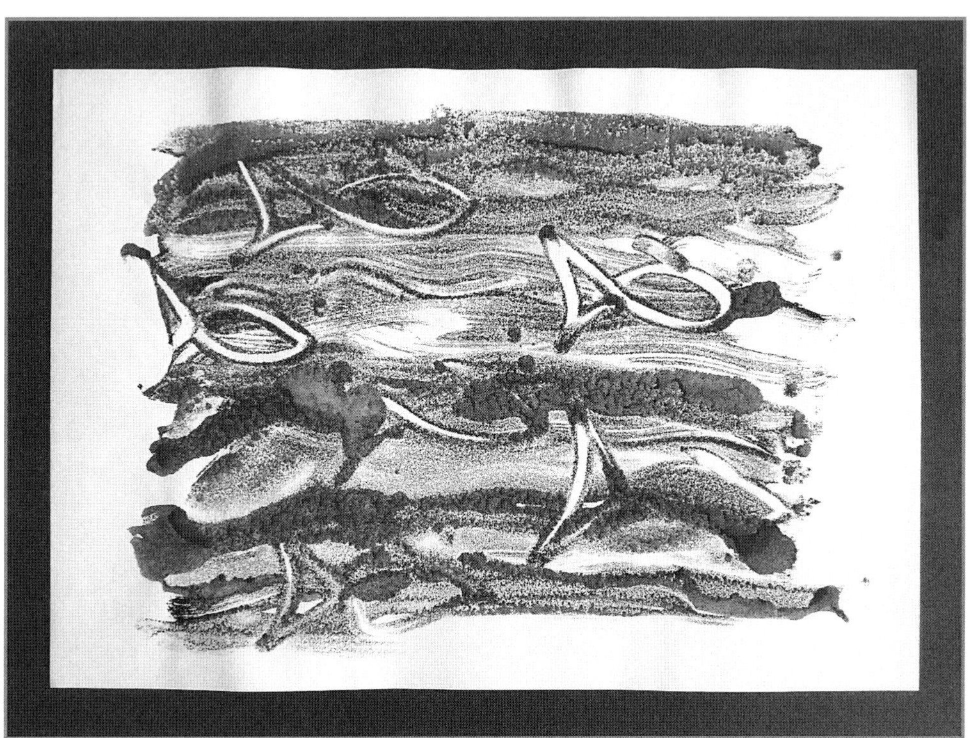

Bewertungsbogen zum Thema: Fische im Wasser

Künstlerkind: ______________________________

	Kind			Lehrkraft		
Hintergrund	🙂	😐	🙁	🙂	😐	🙁
Fischform	🙂	😐	🙁	🙂	😐	🙁
Strukturen im Fisch	🙂	😐	🙁	🙂	😐	🙁
Abdrücke gelungen	🙂	😐	🙁	🙂	😐	🙁
Komposition	🙂	😐	🙁	🙂	😐	🙁

✂ ....

Bewertungsbogen zum Thema: ______________________________

Künstlerkind: ______________________________

	Kind			Lehrkraft		
	🙂	😐	🙁	🙂	😐	🙁
	🙂	😐	🙁	🙂	😐	🙁
	🙂	😐	🙁	🙂	😐	🙁
	🙂	😐	🙁	🙂	😐	🙁
	🙂	😐	🙁	🙂	😐	🙁